Judith Gautier

Le Collier des jours

Souvenirs de ma vie

ISBN : 978-1533196873

10 9 8 7 6 5 4 3 2 1

Judith Gautier

Le Collier des jours

Souvenirs de ma vie

Table de Matières

Judith Gautier

« Je contemple un instant, des yeux de la mémoire,
« Le vaste horizon du passé
. . . .
« Mes ans évanouis à mes pieds se déploient
« Comme une plaine obscure où quelques point chatoient
« D'un rayon de soleil frappés
« Sur les plans éloignés, qu'un brouillard d'oubli cache,
« Une époque, un détail nettement se détache,
« Et revit à mes yeux trompés. »

Théophile GAUTHIER

Chapitre I

J'ai commencé la vie par une passion.

Aussi extraordinaire que cela puisse paraître, c'est cependant tout à fait certain, et cette passion, qui eut, comme toujours, ses joies et ses peines, aboutit à un chagrin dont la violence n'a jamais été, pour moi, égalée.

On m'a raconté que j'avais montré beaucoup de répugnance à venir au monde : la figure voilée de mon bras replié, je me refusais obstinément à faire mon entrée dans cette vie, et, y ayant été contrainte, je manifestai mon déplaisir par un véritable accès de fureur : j'avais saisi, en criant, les doigts du médecin et je m'y cramponnais de telle façon, qu'incapable d'agir, il fut obligé de les secouer vivement et s'écria, très stupéfait :

— Mais qu'est-ce que c'est qu'un pareil petit monstre ?…

Mon agresseur était le docteur Aussandon, un héros et un titan, qui arrêtait les chevaux emportés et se plaisait à aller se mesurer, dans les cirques, avec les hercules célèbres. Mais j'ignorais ces hauts faits, et, nullement intimidée, j'avais accepté le combat.

Je me suis fait souvent raconter par ma mère cet incident qui me semblait prophétique, et exprimait si bien l'opinion que je devais avoir, plus tard, de l'existence.

Chapitre II

Ma mère, qui était Milanaise, faisait alors partie de l'illustre troupe des Italiens, avec sa cousine germaine, Giulia Grisi, avec Mario, Lablache, et tant d'autres glorieux artistes. Elle ne pouvait donc s'embarrasser d'un enfant, et je fus mise en nourrice, dans la banlieue de Paris.

C'est là que germa et grandit, en même temps que moi, cette passion pour celle à qui on m'avait confiée, si exclusive et si forte, qu'elle détermina dans mon cerveau à peine formé, une très singulière précocité de sentiments.

J'ai peine à comprendre comment il se peut que mes plus anciens souvenirs soient d'une nature aussi compliquée. Ils sont si nets, si précis, qu'il faut bien y croire, cependant. Les plus reculés sont certainement les plus vivaces. Ces premières lignes, écrites sur la page blanche de la vie, m'apparaissent comme tracées en caractères plus gros, plus espacés, au-dessus des lignes, qui, par la suite, de plus en plus se serrent et s'enchevêtrent.

Et toujours cette éclosion brusque d'un sentiment, sans doute fugitif, mais si vif, qu'il est pour moi inoubliable, fixe du même coup, dans ma mémoire, le décor et les circonstances dans lesquels il s'est produit.

Ma première rencontre avec moi-même eut lieu dans ce logis de ma nourrice, à l'époque où l'on commençait à me sevrer.

Je revois la scène avec une netteté extrême, et il me semble que les êtres et les objets qui m'entouraient, et devaient m'être déjà familiers, je les vois pour la première fois. Savais-je déjà parler ? Je ne me souviens pas d'avoir prononcé, ce jour-là, un seul mot ; mais certainement, j'ai compris ce qui fut dit, alors, autour de moi.

C'était au moment d'un repas, et toute la famille était réunie. La table à manger, placée dans un angle, près d'une fenêtre, formait un carré long, appuyé de deux côtés à la muraille. J'étais sur les genoux de ma nourrice qui me faisait manger de la bouillie, qu'elle portait à ses lèvres à chaque cuillerée, pour s'assurer que ce n'était pas trop chaud.

Une discussion s'engagea ; on reprochait au père, un peu ivrogne

Judith Gautier

et mal portant, de boire trop de vin ; mais il n'entendait pas raison, haussait la voix, se fâchait même : se fâchait contre Elle ! C'est cela sans doute qui écarta, pour un instant, les brumes de mon esprit d'enfant. Avec une résolution brusque, je m'étendis sur la table, allongeant les bras pour saisir le verre, à demi plein de vin, que j'empoignai à deux mains, puis, échappant à ma nourrice, je me glissai à terre.

La surprise avait arrêté net la discussion et on regardait ce que j'allais faire.

De mon pas titubant, avec beaucoup de gravité, je me dirigeai vers la fontaine, placée à un autre bout de la pièce. Cela me paraissait très loin. J'y arrivai pourtant, et, tournant un des robinets, je remplis d'eau le verre. Avec plus de solennité encore et une attention extrême pour ne rien verser, je revins et je tendis le verre, ainsi corrigé, au coupable. Il le prit en riant et le vida ; et l'on me fit une ovation, tandis que j'escaladais les genoux de la chérie, sauvée, par moi !...

Chapitre III

Ma nourrice portait un nom grec ; elle s'appelait : Damon.

C'était une de ces natures fines et rares comme on en rencontre quelquefois dans les milieux les plus contraires. Une créature tout en tendresse, dévouement, abnégation, et qui avait l'intuition des plus subtiles délicatesses. Elle était mince, blonde, avec des yeux délicieux, envoûtés dans la pénombre de profondes orbites, des mains pâles veinées de bleu, la voix très douce.

Toujours elle portait un petit châle, attaché aux épaules par des épingles, et un serre-tête blanc bordé d'une auréole tuyautée.

Elle devait avoir plus de trente ans, lorsqu'on me mit dans ses bras, car, de ses quatre enfants, Marie, Sidonie, Pauline et Eugène, l'aînée était en âge d'être mariée.

Le très humble logis était situé aux Batignolles, impasse d'Antin, une petite ruelle qui s'ouvrait sur le boulevard. Il était composé de deux pièces carrelées et d'un cabinet noir, où couchait Sidonie ; mais il y avait une autre chambre, sur le même palier, pour Marie et Pauline. Eugène, mon frère de lait, était sans doute en nourrice ailleurs, car je ne le vis que plus tard. Les fenêtres ne donnaient pas sur l'impasse, mais sur un petit jardin, qui fut mon premier horizon.

La seule vision qui me reste de mon berceau me vient d'une grande terreur que j'eus, y étant couchée, mais je le vois très nettement au point que je pourrais le dessiner. C'était un carré de bois jaune, sans rideaux, dont la partie la plus haute, à jours, était formée de petits balustres. Il était placé dans la seconde pièce, tout de suite près de la porte et en face du lit de ma nourrice.

Je devais être malade, avec la fièvre, sans doute ; un médecin était venu et avait ordonné l'effroyable chose qui suivit : on voulait me faire dévorer par une bête noire et visqueuse : une sangsue !

Je me vois, debout sur le lit, me débattant avec des cris frénétiques ; puis enjambant la balustrade et échappée aux bras qui me retenaient, courant nu-pieds, sur le carreau froid. Je voulais gagner l'escalier, me sauver dehors.

On me rattrapa, on me supplia : ma pauvre *nounou* pleurait ; mais je ne parvins pas à surmonter l'horreur : l'affreuse bête ne suça pas mon sang.

Chapitre IV

L'enfant Jésus confié à une famille chrétienne n'eût certes pas été traité avec plus de dévotion et d'amour, que je ne l'étais par cette famille. Je ne m'explique pas du tout la cause de cet engouement, qui ne se démentit jamais. Pour le père et pour la mère, leurs propres enfants reculèrent au second rang, dans leur affection, et ceux-ci, sans en prendre ombrage, se firent mes esclaves soumis.

Je n'ai jamais retrouvé d'impression comparable à celle que me donna, dès mes premiers pas dans la vie, cette domination indiscutée sur tous ceux qui m'entouraient. J'avais, sans doute, une très glorieuse idée de moi-même et de ma supériorité, car je me revois toujours, portée par les chers bras, que je ne quittais guère, et dominant tout, du haut de ce piédestal vivant, non pas seulement parce que j'étais plus haut, mais parce que je dominais. Pour Elle, mon despotisme était tout de tendresse et consistait surtout à la garder le plus près possible ; mais pour les autres, il devait être impitoyable.

Judith Gautier

Chapitre V

Un matin, ma mère vint l'improviste.

La clé était sur la porte ; elle entra et fut tout de suite dans la seconde pièce.

Ma nourrice était en train de faire son lit, et comme, pour cela, je n'entendais pas être délaissée, elle me tenait sur un de ses bras et s'ingéniait à faire le lit d'une seule main.

— Eh bien ! est-ce que vous êtes folle ? s'écria ma mère, d'une voix sonore et rude ; fi ! que c'est vilain de fatiguer sa *nounou* comme cela.

Elle m'enleva, à mon grand déplaisir, et me mit à terre. Mais j'avais compris que je la fatiguais, Elle. C'est ce qui me frappa surtout dans cette scène, et la marqua dans ma mémoire.

C'est aussi le plus ancien souvenir que j'ai de ma mère.

Chapitre VI

Le père Damon, qui était menuisier, avait son atelier au fond de l'impasse, qui s'épanouissait en une sorte de cour, où les voitures pouvaient tourner. Ce devait être une remise, car je me souviens qu'il n'y avait qu'une grande porte, toujours entr'ouverte, et pas de fenêtre.

Je consentais, quelquefois, à rester là, gardée par le père, à la condition qu'il y eût beaucoup de copeaux pour m'asseoir et que l'on me donnât des bouts de planches. J'édifiais alors d'importants ouvrages qui me tenaient attentive de longs moments.

Mais la nostalgie de la chérie me prenait bientôt ; le père devait laisser son travail, pour me reporter vers elle, et quand je l'avais reconquise, je la suivais dans toutes ses occupations, tenant seulement d'une main le bas de sa robe, et bien persuadée qu'ainsi je ne l'embarrassais pas.

Il y avait vers le milieu de l'impasse, à moitié engagé dans une muraille, un puits commun, dont la poulie grinçait sous la grosse corde continuellement tirée. Il n'offrait pour moi aucun danger, car la margelle de pierre dépassait beaucoup la hauteur de ma tête. Une indicible épouvante me saisissait, cependant, quand ma nourrice s'approchait du puits, se penchait vers le gouffre retentissant, pour descendre et remonter le seau, lourd et ruisselant, où sonnaient des chaînes. Cramponnée à sa jupe, je la tirais de toutes mes forces, en arrière, en poussant des cris d'une telle angoisse, que les voisines s'approchaient, et, le plus souvent, apitoyées, tiraient, pour elle, la provision d'eau.

Mais je gardais une inquiétude, un tourment, qui persistait d'une façon bien singulière à cet âge : la crainte des dangers inconnus qui la menaçaient, et je serrais plus fort mon bras autour de son cou, pour la protéger et la défendre.

Je n'avais guère l'idée de ma propre faiblesse, puisque ce désir de protéger, et la certitude que j'en étais capable, domina toute ma première enfance.

D'autres révélations de la vie vinrent compliquer ce sentiment et lui donnèrent bientôt une direction nouvelle.

Les fenêtres de notre logement donnaient, je l'ai dit, sur un petit jardin. C'est là, en le contemplant, le front contre la vitre la plus, basse, que j'eus ma première rêverie.

Ce jardin, étroit et long, entre deux murs, aboutissait à une maison ; une pelouse l'emplissait presque ; l'allée tournait autour ; des fleurs, quelques arbustes, c'était tout. Cela me paraissait néanmoins, magnifique, et j'enviais beaucoup le gros chat jaune, qui se promenait à petits pas sur le gravier, et même sur le tapis du gazon.

« Pourquoi n'y allions-nous pas ? »

— Y aller !… Mais c'est le jardin de la propriétaire !

La propriétaire !… Avec quel respect, mêlé de terreur, ma pauvre *nounou* prononçait ce mot !

Sans doute, avant ma venue, des mois, où le père dissipait sa paye, il y avait eu des retards dans le paiement des termes, des explications pénibles, dont la chérie gardait une rancœur et une angoisse pour l'avenir ; et elle avait aussi une admiration naïve et résignée devant cette puissance : la propriétaire !…

Quelquefois, je la voyais, elle-même, dans le jardin, cette redoutable personne. Elle descendait les quelques marches de son

Judith Gautier

seuil et s'avançait, d'un air digne, les mains posées l'une sur l'autre à la hauteur de son estomac. C'était une dame âgée, tout en noir, avec un bonnet à coques et des mitaines.

Lentement, elle tournait autour de la pelouse, s'arrêtant de ci de là, pour couper une fleur fanée, ou ramasser une feuille sèche ; puis elle remontait les deux marches, s'enfonçait dans la baie obscure et la porte se refermait.

Toujours je l'observais, du coin de la fenêtre, avec beaucoup d'intérêt ; impressionnée par ma nourrice, je subissais le prestige. Un travail compliqué se faisait aussi dans ma tête ; sans doute, on avait tâché de me faire comprendre ce qu'était d'être riche ou pauvre, de posséder un jardin, des maisons, un chat jaune, ou de ne rien posséder du tout. On m'avait expliqué à quoi servait l'argent et que l'on était malheureux quand on en avait trop peu. Ce qui résulta pour moi de ce nouvel aperçu de la vie c'est la compréhension douloureuse que ma nourrice était pauvre.

La preuve que j'avais surtout compris cela est écrite dans ma mémoire par un incident moral, pour ainsi dire, que je fus seule à connaître.

Ce devait être l'hiver, car il faisait nuit déjà et les boutiques s'allumaient. Nous revenions, probablement d'une visite à mes parents, mais je ne m'en souviens pas, tout est obscur autour du point brillant qu'a marqué dans ce lointain passé ce premier frisson de conscience.

Nous marchions le long des maisons, sur le boulevard des Batignolles, moi plus près des façades et tenant sa main droite. Peu avant d'arriver à l'impasse, une boutique très éclairée jetait, au travers du trottoir sombre, une bouffée de lumière. C'était une pâtisserie, et qui devait m'être familière, mais je ne la vois que cette fois-là.

J'étais gourmande et je savais qu'elle cédait toujours à mes volontés. L'étalage affriolant, parmi lequel je pouvais choisir, jetait un appel éclatant par toutes ses lampes ; pourtant, en passant dans la zone claire, je tournai la tête de l'autre côté et je tirai sur la main, hâtant le pas, pour en sortir plus vite. Je pensais : « Si elle croit que j'ai envie d'un gâteau, elle me l'achètera, et je ne veux pas, parce qu'elle est pauvre. »

Chapitre VI

Ce premier effort sur moi-même, ce voile d'égoïsme qui se déchirait, est certes une étape importante dans la marche lente de mon instinct d'enfant vers l'intelligence. Et la petite lumière, qu'alluma l'éclosion brusque de ce sentiment nouveau, ne s'est jamais éteinte.

Chapitre VII

Les visites à ma famille devaient être régulières, tous les quinze jours, probablement. Elle habitait rue de Rougemont et nous y allions à pied, moi portée, évidemment, une partie du chemin ! Il fallait monter au cinquième, par un escalier assez sombre, très ciré et glissant, qui ne ressemblait guère à celui de chez nous, étroit, terne, mais si vite grimpé, à quatre pattes, jusqu'au palier carrelé. On entrait dans une petite antichambre sans fenêtre où il faisait noir. Le salon était au fond, la salle à manger à gauche. Pour moi, le seul intérêt de ces visites était la promenade à l'aller et au retour ; j'étais avec la chérie et cela suffisait à mon amusement. Quant aux personnes que nous allions voir, je n'y faisais aucune attention, et une fois partie, je n'y pensais jamais.

La plus ancienne entrevue avec mon père dont je me souvienne, fut plutôt froide ; la voix du sang ne parla pas du tout en moi.

C'était dans la salle à manger. J'étais sur un bras de ma nourrice, et mon père, qu'on avait sans doute appelé pour me voir, debout devant moi, s'essayait à me faire des agaceries, pour me décider à sourire. Mais, le regardant de haut, je demeurai grave et hostile.

Alors, il me dit :

— Veux-tu que je te colle au plafond avec un pain à cacheter ?

Il ignorait, certainement, quel personnage j'étais, pour me faire une pareille proposition, et ma surprise fut aussi grande que ma colère. Le plafond, très proche de la place où l'on me tenait, me faisait juger le projet très réalisable, et un peu d'inquiétude s'ajoutait à mon indignation ; mais je ressentais surtout l'offense. Je dus avoir l'air bien comiquement outragée, car mon père éclata de rire et voulut m'embrasser ; je me rejetais vivement en arrière en me cachant contre l'épaule de ma nourrice.

Mon père ne se doutait guère que j'emportais de cette scène un souvenir ineffaçable et une assez longue rancune.

Judith Gautier

Chapitre VIII

Depuis que j'avais quelques notions des différences sociales, je me préoccupais un peu plus de ces visites que nous étions forcées de faire. Quels étaient ces étrangers, que ma chérie semblait craindre et à qui nous devions obéir ?... Pourquoi, chez eux, était-ce du bois brillant par terre, avec tant de choses autrement que chez nous ? J'étais confusément humiliée, quand j'étais là, humiliée pour Elle, surtout, qui avait une attitude pas habituelle.

Après quelques méditations, je crus avoir trouvé : ces gens-là étaient une autre sorte de propriétaires, qui pouvaient nous faire du mal : en tous cas, ils étaient l'ennemi, et je les pris nettement en aversion.

Dès lors, le petit être, qui se laissait traîner rue Rougemont, se montra sous un jour déplorable. Renfrogné, muet, avec des yeux pleins de haine, il repoussait d'un geste brusque toute caresse ! Quel vilain enfant !... Quel caractère !... On plaignait la nourrice d'être obligée de supporter un pareil démon. Vraiment, le petit monstre, du jour initial, tenait bien ses promesses !...

Alors, on me laissait errer, dans l'appartement, sans plus s'occuper de moi.

J'avais vite disparu du rayon où on pouvait me surveiller, et j'inspectais tout ce qui était à ma portée ; je furetais dans les bas d'armoire, choisissant, sans aucun scrupule, les objets les plus disparates et j'allais les tasser dans le panier, où ma nourrice emportait les petites affaires à moi.

Je volais pour Elle ! avec quelle fierté ! quelle tranquillité de conscience... Précoce anarchiste, je rétablissais l'équilibre, je travaillais pour la justice !...

Malheureusement, avant de partir, la chérie me reniait : elle vidait le panier, rendait tout. À chaque nouvelle visite, je recommençais, et j'avais toujours la même déception poignante, en voyant mon œuvre détruite. Tout le long du retour je lui faisais des reproches.

Quelquefois une méchanceté noire, que j'imagine, souligne d'un trait plus vif le souvenir :

Ma mère nous montra un jour sur son balcon, deux belles fleurs très rares, qui venaient d'éclore sur une plante grasse.

Dès qu'on eut le dos tourné, j'arrachai les belles fleurs et je les pétris dans mes mains jusqu'à les réduire en une bouillie affreuse que je jetais par terre.

Quand on s'aperçut du massacre, la belle voix de contralto eut des éclats terribles, et la visite fut abrégée.

Un autre jour, on voulut m'essayer une robe ; mais je ne voulais pas de la robe, et j'étais bien décidée à ne rien essayer.

On employa tous les moyens pour me faire céder : promesses, supplications, menaces ; rien ne put vaincre mon obstination.

À la fin ma mère, exaspérée, s'écria :

— Nourrice, emportez-la ou je vais la tuer !

— La tuer !

Avec quel tremblement se firent les préparatifs du départ ! Quelle hâte dans l'escalier glissant ! Et dehors, elle m'entraînait si vite, que nous avions l'air de fuir et d'être poursuivies.

Pauvre nounou elle dut s'arrêter bientôt pour pleurer. Elle avait eu trop peur, aussi, pendant toute cette scène où j'avais été si méchante, et où je ne l'écoutais même plus, Elle. Pourquoi me montrer si vilaine, quand j'étais, au contraire, si gentille, quand je voulais ?…

C'est que je détestais la dame qui avait une si grosse voix et que je ne voulais plus venir chez elle.

J'espérais bien avoir atteint mon but, cette fois-là, et que nous n'y reviendrions plus.

Chapitre IX

Assise au milieu des copeaux dans l'atelier, je regardais le père Damon travailler, tout en roulant dans ma tête une idée très ambitieuse, qui finit par éclore en cette question :

— Dis donc, père, est-ce que tu saurais faire une voiture ?

— Une voiture ?…

— Oui, une voiture pour moi.

Judith Gautier

— Pour ta poupée ?…

— Non, une grande pour m'asseoir dedans.

— Oh bien ! alors, c'est trop difficile…

Mais le soir, au repas, on reparla du projet.

Je voulais, je voulais absolument, et suppliante et câlinante, je soufflais mon désir à la chérie.

Après tout, on pourrait toujours essayer, le dimanche et dans les moments perdus.

Bientôt, la voiture fut faite, et en la voyant, je témoignais de mon admiration et de mon contentement par des sauts et des cris de joie.

C'était une sorte de corbeille en bois, posée sur quatre roues, et garnie de petits balustres, dans le style de mon berceau, que le père avait peut-être fait aussi, seulement au lieu d'être jaune acajou, elle était verte, et je la trouvai ravissante.

Par qui et comment vint l'attelage ? Je ne sais. Ce fut une jolie chèvre blanche, qui m'enthousiasma naturellement, et devint vite mon intime amie, elle grimpa bientôt l'escalier derrière moi, et me suivit partout.

Avoir voiture, cela modifia un peu la vie. L'impasse d'Antin, qui avait été jusque-là mon domaine, ne suffisait plus ; la promenade habituelle à la barrière Monceau, où j'allai jouer de préférence, avec mes amis les gabelous, qui me poursuivaient sous la colonnade du petit temple grec, encore debout aujourd'hui, fut même délaissée. La chèvre avait besoin de brouter ; il fallait un champ, de l'herbe fraîche. Du côté de Montmartre, sans doute, on découvrit une sorte de terrain vague, qui devint le but le plus fréquent de nos excursions.

La sortie de l'impasse était ce qu'il y avait de plus triomphal. Trônant dans ma corbeille, que la chèvre traînait tant bien que mal, avec des velléités de gambades, je jouissais de l'admiration des voisines, de l'ébahissement desgamins ; puis nous roulions posément sur le trottoir du boulevard. Pauline, qui devait avoir cinq ou six ans, était du voyage. Marie venait aussi, quelquefois, quand elle en avait le loisir, alors mon plaisir était complet, car, après la chérie, c'était elle que j'aimais le plus.

Chapitre IX

Aussitôt arrivées, on dételait la chèvre, je descendais de mon char. Ma nourrice et Marie s'installaient près de la voiture et se mettaient à coudre, tandis que je jouais avec Pauline, et que la chèvre tout à fait libre vagabondait.

Ce terrain nu, qui me donnait pour la première fois l'impression de l'espace, et que je trouvais admirable, était bosselé de pierrailles blanches avec de grands morceaux d'herbes, qui, pour moi, représentaient les champs.

C'était une ivresse de sauter, de danser sur cette verdure, de tomber sans se faire de mal dans la molle fraîcheur. On ne me laissait pas trop m'éloigner ; il y avait d'ailleurs à l'autre bout du terrain quelque chose d'incompréhensible, qui me causait une confuse terreur et m'ôtait l'envie de m'écarter. C'était un éboulis de grosses pierres autour d'un grand trou, qui s'enfonçait ; des hommes allaient et venaient et l'on entendait des bruits étouffés sous terre. Je n'aimais pas du tout m'approcher de ce gouffre. En y repensant, je comprends que c'était tout simplement une carrière, mais alors cela me paraissait l'entrée d'un lieu très terrible, que je ne m'expliquais pas du tout, mais d'où on ne devait pas revenir.

Un jour, au cours d'un de ces vagabondages, ma chèvre disparut brusquement dans cet abîme.

Quels cris ! Quel désespoir ! Je trépignais, tout près du gouffre, cette fois, tandis que ma bonne nourrice, très perplexe, me retenait et que Marie se penchait, interrogeant les profondeurs noires.

Après un long temps d'angoisse, Marie s'écria tout à coup :

— Je la vois !

Un chevrotement lointain lui répondit :

— Comment faire pour aller la chercher ?

Ma nourrice demandait conseil à des hommes qui s'étaient approchés.

Mais bientôt la tête blanche et cornue émergea de l'ombre. De pierre en pierre, la chèvre remontait par sauts, puis elle bondit dehors.

Elle n'avait rien de cassé, et on n'a jamais su si elle était descendue, dans cet abîme effrayant, pour voir un peu ce que c'était.

Judith Gautier

Chapitre X

Sidonie était la mauvaise tête de la famille, on la grondait, quelquefois, parce qu'elle était en retard le soir, ou paresseuse le matin ; mais elle répondait mal et ne changeait pas.

Avec moi, elle s'entendait très bien, cependant, et me gâtait comme faisaient les autres. Je la trouvais amusante, elle inventait des jeux drôles, s'attardait à me boucler les cheveux, à m'orner de rubans et de perles enfilées. Elle devait être, il me semble, en apprentissage chez une couturière.

Elle me montra un jour, dans la chambre noire où elle couchait et qu'une cloison vitrée séparait de la première pièce, elle me montra d'extraordinaires chiffons, qui me causèrent une admiration sans bornes.

Il ne fallait pas le dire. Au moindre bruit, elle refermait précipitamment le paquet et le cachait sous son lit. Ce que c'était, je ne m'en souviens plus bien, oripeaux de carnaval, peut-être, dissimulés pour quelque sortie clandestine. En tout cas, c'était beau, et j'en ai gardé un éblouissement. Je revois toujours la porte entr'ouverte, pour donner du jour dans la chambre noire, Sidonie accroupie, remuant ces choses, où il y avait de la pourpre et de l'or, et moi fascinée, mais tendant l'oreille, pour avertir si quelqu'un venait.

Chapitre XI

Il y avait, accroché au mur de la première pièce, tout près de la porte d'entrée, un tableau qui représentait un enfant à mi-corps, de grandeur naturelle. On disait que c'était mon portrait. Je sus plus tard qu'il ne l'était pas, qu'on avait acheté cette lithographie coloriée, je ne sais où, parce que l'Enfant Jésus, je crois, qu'elle représentait me ressemblait étonnamment. Cette image encadrée d'une bande de bois blanc, était drôlement placée dans ce coin, bien qu'elle fût le seul tableau du logis. Peut-être de l'autre pièce la voyait-on aussi, à cet endroit, et ma nourrice, qui se tenait plutôt dans la seconde chambre, l'avait-elle mise là exprès.

Souvent, moi sur son bras, elle se plantait devant, et me disait :

— Tu vois, c'est toi.

N'ayant pas encore l'habitude du miroir, je n'avais aucune idée de ce que pouvait être ma figure, et je regardais cet enfant, pendu au mur, avec plus de surprise que d'intérêt. Il avait une robe rouge et des yeux bleus. Les miens, qui plus tard, tirèrent sur le jaune, ont été bleus d'abord, à ce qu'on m'a dit.

Je devais être alors un gros bébé robuste, avec des yeux très ouverts et très fixes.

Chapitre XII

J'aimais à embrasser les poêles rouges, à prendre avec mes doigts la flamme des chandelles, ou à la regarder de très près. Je garde de ce goût singulier plusieurs marques, entre autres, deux cils brûlés et une petite place ronde, toute nue, dans les cheveux.

Cette manie, dont les brûlures mêmes ne me guérissaient pas, était le plus grand souci de ma chère nourrice. Elle avait fait entourer le poêle d'une grille, et on mettait autant que possible les lumières hors de ma portée. Mais j'avais l'acharnement qu'ont les papillons à se roussir les ailes et il fallait me surveiller sans cesse.

Je devais être, d'ailleurs, un bien terrible nourrisson, avec, sans doute, des drôleries et des gentillesses qui me faisaient aimer tout de même, car, sans cela, l'idolâtrie que toute cette famille garda toujours pour moi, serait incompréhensible.

Pauline, qui avait cinq ou six ans, était naturellement la moins soumise à mes volontés, elle me résistait quelquefois et, vite rappelée à l'ordre, demeurait boudeuse, avec, je le crois, de la jalousie.

Jalouse, je l'étais bien plus qu'elle, moi, quoique plus nouvelle encore dans la vie ; ce n'était d'aucune des personnes de la famille, mais d'un étranger, que je ne voyais que rarement, trop souvent encore, à mon idée.

Avant moi, ma nourrice avait élevé un autre enfant, frère de lait de Pauline ; il habitait Paris, et elle allait le voir de temps en temps. Comme elle ne me quittait jamais, j'y allais naturellement aussi.

Pourquoi étais-je horriblement jalouse de cet enfant ? Comment

Judith Gautier

comprenais-je si bien qu'il avait été avant moi, ce que j'étais alors, et pourquoi cette idée m'était-elle insupportable ? je ne me l'explique pas, mais la souffrance est certaine, et c'est par elle que je me souviens si bien.

Comme toujours le décor m'apparaît très précis, on dirait éclairé par la lueur du sentiment qui s'est produit là.

Je revois au rez-de-chaussée, — je ne sais où, par exemple, — une salle à manger, longue et étroite, éclairée par une seule fenêtre à grands rideaux verts. Un parquet clair, très ciré, dont le bois formait des losanges — le parquet, si différent des carreaux de chez nous, était toujours ce qui me frappait le plus. — Le bas de la salle est ce que je vois le mieux, à cause de ma taille, la perspective des pieds, en chêne sculpté, des hautes chaises et le dessous de la table.

C'est là que nous attendions, debout, elle me tenant par la main, pour que je sois sage.

Bientôt une porte s'ouvrait, donnant passage au petit garçon. — Je me souviens qu'il se haussait pour la refermer. — Puis il courait à nous, embrassait ma nourrice et se baissait sur ses talons, pour se mettre à ma hauteur, et me faire des gentillesses.

Il m'apportait ses joujoux, m'offrait des friandises ; mais je ne répondais pas à ses avances, rencognée dans les jupes, la tête baissée, je le considérais, en dessous, le cœur très gros.

Une fois dehors, je ne me contenais plus ; moi qui ne pleurais jamais, je me jetais tout en larmes, dans les bras de ma chérie. Je ne sais si j'exprimais par des mots ce que j'éprouvais, mais elle le comprenait très bien, puisqu'elle m'assurait qu'elle n'aimait pas ce petit garçon-là comme elle m'aimait, qu'elle ne l'avait jamais aimé la moitié autant ; qu'elle m'aimait, moi, plus que tous ses enfants réunis. Elle ne parvenait cependant à me calmer qu'en me promettant de ne plus retourner le voir.

Chapitre XIII

J'ai une vision confuse du mariage de Marie : la porte grande ouverte, des gens inconnus, avec des rubans blancs à leur boutonnière, entrant et sortant, la chérie en toilette, un petit châle vert, orné de palmettes, attaché à ses épaules. C'est tout ce qui surnage, pour moi, de cet événement.

Je retrouve ensuite Marie, installée dans le logement donnant du côté de l'impasse, sur le même palier que nous.

Cela agrandissait mon domaine. Je pouvais maintenant courir d'un logis à l'autre, et j'étais bien souvent autour de Marie, qui était repasseuse, pour lui tendre à repasser des bouts de chiffons, beaucoup plus pressés que son ouvrage.

Le mari me fut simplement un esclave de plus. Comme il était très grand et très fort, je ne le ménageais pas : quand il était d'une promenade, j'étais toujours fatiguée, afin d'être portée par lui ; tandis qu'au contraire, seule avec ma nourrice je ne m'avouais jamais lasse. Il m'asseyait sur sa large épaule, et de cette hauteur, je voyais le monde sous un jour nouveau, avec un petit frisson de vertige qui me plaisait. De courses dans Paris, dont le but m'échappe, je retrouve surtout le retour, à la nuit, aux passages des barrières, — car il fallait toujours repasser une barrière pour rentrer chez nous. — La rangée de réverbères, allumés au-dessus de la grille, me semblait être ce qu'il y avait de plus beau, et je me retournais pour la voir plus longtemps, au risque de tomber du haut de mon observatoire. Ce devait être des soirs de dimanche, car le boulevard extérieur était bruyant et gai ; des chants, des cris le traversaient, et des enfants dansaient des rondes dans la poussière, qui montait vers moi, avec une odeur de pain d'épices.

Chapitre XIV

Un matin, on trouva morte la chèvre blanche.

Quelle émotion ! Quelle catastrophe !

Savais-je ce qu'était la mort ? Jamais jusque-là je n'avais eu d'elle aucune notion ; mais elle est en nous et je crois qu'on la comprend d'emblée. J'avais bien le sentiment que c'était quelque chose de définitif ; que, plus jamais, la chèvre blanche ne traînerait ma voiture ; qu'elle ne m'appellerait plus, en bêlant, de sa logette, sous l'escalier ; que je n'entendrais plus les chocs rapides de ses petits sabots sur les marches, quand elle s'échappait pour me rejoindre. J'étais consternée, mais sans cris et sans larmes.

Le lendemain, on vint chercher la morte, pour l'emporter, et j'eus,

Judith Gautier

alors, une impression effrayante.

Dans l'impasse, qu'elle emplissait presque entièrement, m'apparut une voiture terrible, aussi haute que notre maison ; et sa hauteur était faite d'un amoncellement de bêtes mortes.

Ces bêtes, tout aplaties et roides, n'étaient sans doute que des peaux, — je comprends cela en y repensant ; — mais elles n'en étaient que plus stupéfiantes. Des hommes criaient, en fouaillant d'énormes chevaux, dont les fers glissaient et claquaient sur le pavé.

Cette voiture, ces hommes, pour moi, n'étaient pas de ce monde ; ils venaient d'où allaient les morts et y retournaient.

Jamais vision de poète, descente aux enfers, descriptions d'épouvantes et de cataclysmes ne m'ont redonné une impression aussi intense. J'eus le sentiment de l'inexorable ; des dangers de vivre ; du destin qui frappe soudainement, et de l'inconnu effrayant, où s'en vont des charretées de victimes.

Quand un des hommes d'un geste violent, envoya au bout de sa fourche ma pauvre chèvre blanche, tout en haut, sur cet entassement de bêtes mortes, je suffoquai, comme si une main eût serré ma gorge, et je cachai dans les jupes de ma nourrice ma figure mouillée de larmes.

Longtemps, longtemps je fus hantée par le cauchemar de cette voiture sinistre, emportant à jamais la première bête que j'aie aimée.

Chapitre XV

Un autre malheur plus grand, dont je n'avais moi, aucune idée, mais que la chérie, certainement redoutait, était en marche.

Je grandissais. Je pouvais très bien maintenant traîner une chaise et grimper dessus, pour, quand elle se défendait de moi, atteindre les genoux de ma nourrice et aller téter.

C'était, plutôt que par besoin ou gourmandise, pour bien l'accaparer, elle, l'empêcher de s'occuper d'autre chose que de moi, par câlinerie surtout.

Je ne tétais pas longtemps. Je me renversais dans ses bras, et de bas en haut, j'examinais son cher visage en détail. Je lui disais des choses saugrenues qui la faisaient rire.

J'étais plus consciente à présent de mon immense amour pour elle ; de la sécurité délicieuse que me donnait le dévouement infatigable de ce cœur tout à moi ; elle était ma force, mon soutien, la réalisatrice de toutes les fantaisies qui ne m'étaient pas nuisibles. Jamais de résistance, une soumission enthousiaste ; les obstacles écartés devant moi, comme si la seule chose importante eût été de me laisser croître en liberté, sans entraves, ni influences. Aussi, étais-je bien vraiment moi, alors, et j'ai toujours gardé l'impression que ma vie la plus personnelle, la plus intense, la plus heureuse aussi, fut à cette époque de ma première enfance, où, dans un milieu étroit et pauvre, une telle richesse d'amour me créait un royaume vaste et splendide.

La catastrophe fut, pour moi, subite et cruelle ; à l'entour tout est effacé, c'est un trait de foudre dans une nuit noire.

Sans doute, après une visite rue de Rougemont, ma nourrice ne me remmena pas.

Mais je ne me souviens d'aucune circonstance, ni de ceux qui m'entouraient. Seul, le désespoir, un désespoir sans égal, a marqué son ineffaçable blessure.

Je fus prise d'un sanglot unique, continu, qui dura je ne sais combien de jours et combien de nuits. Je rejetais tout ce qu'on me mettait, par force, dans la bouche, incapable d'ailleurs d'avaler même une goutte d'eau, tant ma gorge était serrée et convulsée de ce sanglot qui ne cessait jamais. Moi qui détestais l'obscurité, je restais dans le noir de l'antichambre, assise sur une banquette trop haute, près de la porte de sortie, la porte fermée à clé et verrouillée, mais qui peut-être s'ouvrirait une fois, pour me laisser m'enfuir. On ne pouvait m'arracher de là, et on arrivait à m'y abandonner, se disant, sans doute, que ce chagrin d'enfant finirait bien par passer.

Il ne passait pas, je sanglotais sans relâche, et j'ai encore l'horrible sensation de cet étranglement, de cette suffocation ; de la brûlure sur mes joues et ma bouche, des larmes que je n'essuyais pas. Cela finit par devenir un hoquet saccadé et convulsif, que rien ne pouvait arrêter.

Combien cet état dura-t-il ? Je ne sais. Je ne vois plus que la délivrance à l'entrée de Marie, accompagnée du docteur Aussandon.

— Marie ! Marie !

Judith Gautier

J'étais dans ses bras, cramponnée à elle et je crois qu'il eût été difficile de m'arracher de là.

Elle pleurait, et, avec le mouchoir dont elle s'épongeait les yeux, elle essuya doucement mon visage tout bouffi et gercé par les larmes.

Le docteur apportait une nouvelle grave. La nourrice avait eu un tel chagrin de la séparation, qu'une révolution de lait s'était déclarée.

Marie, affolée, était partie en courant pour chercher le docteur. Il avait constaté chez la nourrice une fièvre violente avec du délire, et il ne répondait de rien si on ne lui rendait pas, tout de suite, le petit monstre qui, à son entrée dans la vie, s'était si bien battu avec lui, et qui, paraît-il, n'était pas un monstre pour tout le monde.

Il déclara d'ailleurs que j'étais, moi aussi, en danger, et que c'était fou de m'avoir laissé pleurer comme cela.

On ne pouvait vraiment pas nous condamner à mourir toutes les deux ; il fallut bien céder.

Et je fus remise en nourrice.

Chapitre XVI

Comment se fit la seconde et définitive séparation d'avec ma nourrice ?… Je ne le sais presque pas. Sans doute on dut l'entourer, cette fois, de précautions et de transitions qui rendirent le déchirement moins douloureux.

Je crois que cela commença par une partie de plaisir, où la chérie m'accompagnait, et elle resta, même, plusieurs jours avec moi.

D'ailleurs ce n'était pas rue Rougemont que nous allions ; de cette façon, je n'avais pas de méfiance.

On me confiait à mon grand-père, qui vivait, avec ses deux filles, sœurs de mon père, au Grand-Montrouge.

Un jardin !… des fleurs !… des arbres !… la vraie campagne !… Cela me séduisit tout de suite. J'étais grisée par tant de lumière, après la pénombre de l'impasse d'Antin. Le temple grec de la barrière Monceau, et même les beautéssahariennes du terrain vague, furent vite éclipsées par les splendeurs champêtres du Grand-Montrouge.

Dans les premiers temps, pour m'apprivoiser, on me laissa complètement libre. Je parcourais le jardin, qui, par le fond, communiquait à des vergers, puis à une prairie. La découverte de la nature m'absorba et m'enthousiasma tellement que tout autre sentiment fut submergé.

Route de Châtillon ! C'était là que mon grand-père vivait, dans une petite maison, alignée au trottoir, qui n'avait qu'un rez-de-chaussée et un étage. Il n'occupait, avec ses filles, que ce premier et unique étage, composé de quatre pièces et d'une cuisine. De la salle à manger, sur le derrière de la maison, un petit escalier extérieur descendait dans une petite cour, séparée du jardin par une grille de bois et une porte, entre deux piliers. Le plus bel ornement de ce jardin, où l'on descendait par deux marches, était au milieu de la pelouse centrale, un large catalpa.

Il fallut apprendre de nouveaux mots : grand-père, tante Lili, tante Zoé ; et me familiariser avec des personnes inconnues. Le père Gautier, comme on l'appelait, me parut très terrible tout d'abord. Assez grand, sec, imberbe le teint brun, la voix forte, armé d'une grosse canne à pomme d'argent que je remarquai tout de suite ; je compris bien qu'avec lui ça ne serait pas commode. Les tantes m'inquiétaient moins ; je les sentais sans volonté, assouplies à l'obéissance, et craintives devant leur père. Au premier aspect, elles semblaient à peu près pareilles ; il y avait pourtant des différences : tante Lili avait un nez long, gros du bout, de tout petits yeux et la bouche trop grande tandis que tante Zoé, qui ressemblait à son père, avait le nez court, les yeux ronds, et la bouche mince. Leurs cheveux noirs étaient ondulés et ramassés derrière la nuque en un simple chignon.

Une robe noire et plate, avec un volant dans le bas, les habillait toutes les deux de même.

La tante Lili était la plus douce, la plus molle, celle qui cédait tout de suite ; je la préférais, sans pouvoir dire que je l'aimais le plus. En réalité, je n'aimais pas. Sans doute, j'avais dépensé trop d'amour dans ma première enfance ; mon cœur, resté exclusif, n'avait plus rien à donner. Je ne retrouvais d'élan de tendresse que pour ma nourrice, toujours, quand elle venait me voir, et elle venait souvent,

Judith Gautier

malgré l'énorme distance des Batignolles au Grand-Montrouge. Lorsqu'elle s'en allait, je la reconduisais à n'en plus finir, le plus loin possible, et elle devait jurer de revenir le lendemain.

Pour les autres, je savais être aimable, si l'on était doux avec moi. Je me laissais embrasser, mais je n'embrassais pas, et il était impossible de me faire dire que j'aimais. Tout ce que l'on pouvait obtenir, en mettant à ce prix quelque friandise convoitée, était par exemple :

« Je t'aime, pomme », ou « Je t'aime, confiture ».

Mais : Je t'aime, tout court ; jamais.

Le rez-de-chaussée de la maison était habité par un vieux soldat de Napoléon, le père Rigolet. Il avait été canonnier, ce qui expliquait sa surdité presque complète. Il vivait là, avec sa femme, sa fille mariée et les enfants de cette fille. Elle s'appelait Florine et était repasseuse, ce qui me rappelait Marie. À cause de cela, j'étais attirée vers cette famille. Florine avait un garçon d'une quinzaine d'années et une petite fille de cinq à six ans, qui devint bientôt ma camarade.

Cette liberté que l'on m'avait laissée dans les premiers temps, il fut bien difficile de me la reprendre. Le grand air, le jardin, la prairie surtout, je n'en étais jamais rassasiée ; quand on me faisait rentrer, par l'appât de quelque tartine, je trépignais d'impatience si on ne me laissait pas aussitôt ressortir.

En somme, le jardin n'offrait pas de danger et on me voyait de la chambre de grand-père. Le plus souvent, je pouvais repartir, et comme on ne voulait pas me brusquer, sachant que je n'avais été asservie à aucune espèce de discipline, la surveillance se bornait à une recommandation, que me criait tante Lili, du haut de la fenêtre :

— Ne vas pas au soleil sans chapeau !

Mais mon chapeau était toujours envolé, et, à force de répéter sa phrase, tante Lili se trompait, elle disait :

— Ne vas pas au chapeau sans soleil !

Ce qui me donnait le fou rire.

Mon ambition était d'ouvrir la porte du jardin, pour filer plus loin, là-bas, dans la prairie. Je m'y acharnais sans y arriver. Nini Rigolet, ma nouvelle amie, m'apporta un concours précieux : elle

Chapitre XVI

savait ouvrir la porte !... Alors, nous nous échappions à travers les petits vergers, enclos de treillages bas, et nous débouchions dans l'affolante prairie. Je m'arrêtais d'abord, en extase devant le vaste tapis vert, devant cet espace qui me semblait sans limites. Puis, avec un cri d'oiseau délivré, je me lançais dans une galopade effrénée, où Nini me suivait, et qui nous entraînait fort loin.

Tout à coup elle s'arrêtait, comme pétrifiée, et me criait :

Méfie-toi, v'là ton grand-père !

En effet, il paraissait, brandissant sa terrible canne, marchant dans l'herbe à grandes enjambées et m'invectivant, dans la langue pittoresque de la Gascogne, d'où il était.

J'avais vite fait de détaler et il avait beau courir !

Notre manœuvre consistait à regagner à toutes jambes, par un grand détour, la route de Châtillon, pour rentrer par la porte de la maison ouvrant de ce côté. Quand le grand-père revenait, hors d'haleine, par le jardin, je me cachais, afin de laisser passer sa colère.

Le soir, à table, pour me punir, on changeait mon couvert de place. Je n'étais pas à côté de grand-père ! Je me montrais sensible à cette privation, — qui ne me privait guère, — pour qu'on n'imaginât pas d'autres représailles.

Elle était bien extraordinaire cette table où nous dînions. En acajou, foncé comme un beau marron d'Inde, d'une taille inusitée, elle eût empli toute la salle si on avait essayé d'en déplier les battants, épais de plusieurs centimètres. Aussi était-elle accotée à la plus longue cloison et toujours repliée, sauf aux heures des repas où on relevait un battant. Nous y étions drôlement installés, à côté les uns des autres, sur un seul demi-cercle ; avec la muraille pour vis-à-vis.

À tout moment, l'une ou l'autre des tantes se levait, pour aller prendre les plats ou les remporter, car il n'y avait pas de domestique.

Mon grand-père, contraint à un moment de sa vie, par des revers de fortune, à chercher un emploi, avait été chef de bureau à l'octroi de Passy ; maintenant c'était la maigre retraite, à peine suffisante, la vie restreinte et, pour les filles, qui dépassaient la trentaine, l'avenir sans issue, le définitif renoncement aux espoirs tenaces, tous les rêves secrets fauchés, avant d'avoir pu fleurir ; le dévouement

Judith Gautier

résigné au père vieilli et aigri.

Cette route de Châtillon, c'était à peu près le désert. Elle était régulièrement tracée, avec des trottoirs de chaque côté, mais il n'y avait pas de maisons, ou fort peu. Des palissades, bordant des potagers, quelques murs, dépassés par des arbres, longeaient le trottoir, surtout de notre côté. En face, il n'y avait rien, rien qui gênât la vue sur la plaine, qui s'étendait jusqu'à l'horizon. Tout d'abord cette immense étendue m'en imposa. Le ciel surtout, le ciel éblouissant, me causait une extrême surprise. Jamais je n'en avais vu, encore, un aussi grand morceau, et devant tant de lumière, tant d'air, tant d'espace, une sorte de vertige m'empêchait de traverser la chaussée.

Je me contentais de regarder, du seuil de la maison, qui devint bientôt un lieu de prédilection.

Le père Rigolet, le vieux canonnier de l'Empire, avait là son quartier général. Assis sur les marches, fumant sa, pipe, il finissait de vivre, oisif, puisque son ouvrage à lui était fini. Doux, craintif, isolé dans le silence de sa surdité, il repensait, sans doute, à tant de choses qu'il avait vues, en laissant vaguer son regard sur cette plaine déserte. Quelques vestiges militaires se retrouvaient dans son costume : sa blouse bleue était serrée par un ceinturon à boucle de cuivre et une médaille était épinglée sur la toile déteinte. Il avait une bonne grosse tête, toute ronde, avec de larges oreilles rouges. Ce brave homme m'intéressait beaucoup ; en le regardant, je le trouvais comique ; mais ce qu'on disait de lui me faisait bien voir qu'il était autre chose que les autres. J'aurais bien voulu savoir comment avait fait le canon pour le rendre sourd. Aussi, bien souvent, je me haussais jusqu'à l'embouchure énorme de son oreille, d'où jaillissait un bouquet de poils gris qui me donnait tant envie de rire, et je lui criais de toutes mes forces :

— Père Rigolet, raconte-moi des choses !

Alors, il retirait sa pipe ; sa bouche molle s'ouvrait largement, dans un rire sans dents :

— Ah ! oui ! Ah ! oui ! disait-il.

Et d'une voix rouillée et mouillée il se mettait à raconter de confuses histoires, en phrases désordonnées et incompréhensibles, que j'écoutais les sourcils froncés, tant je m'efforçais pour n'en pas

Chapitre XVI

perdre les fils enchevêtrés.

Mais bientôt je le plantais là, au milieu de sa narration, le pauvre vieux canonnier, pour aller courir avec Nini, tandis qu'il hochait tristement sa grosse tête, et remettait dans sa bouche sa pipe éteinte.

Tante Zoé, qui était plus décidée, plus vive, était chargée des relations extérieures, des courses, des achats, de la cuisine. Tante Lili aimait mieux coudre et s'occuper du ménage. Elle y apportait un soin méticuleux et je connus là, de très près, toutes les manigances des parquets cirés, qui m'avaient toujours si fort intéressée. Un frotteur venait de temps en temps, mais il avait vraiment bien peu à faire, tellement tout était entretenu, luisant et irréprochable.

Moi seule je mettais du désordre ; j'apportais continuellement à mes semelles le sable et la boue du dehors. Tante Lili avait renoncé à récriminer ; elle me suivait pas à pas, et sans se lasser, remettait en place ce que je dérangeais ; si mes pieds avaient marqué de taches ternes les luisances intactes, aussitôtj'entendais le bâton à cire faire son ronron et le coup de brosse qui réparait le désastre.

La pièce la plus soignée était la chambre des tantes, où je couchais aussi. On avait réuni là les meilleurs restes de l'ancienne aisance : de gros meubles de style Empire, tous de l'acajou le plus foncé, des rideaux de lampas, d'un rouge presque noir, des coussins à bandes de tapisserie, la précieuse garniture de cheminée, lapis et or, et toutes les épaves où s'attachaient des souvenirs.

Au mur principal, était suspendu le portrait, grandeur naturelle, de la mère défunte, si différente, physiquement, de tous ceux de sa descendance : blonde, au nez aquilin, aux yeux bleus, à la peau rosée. Il y avait aussi, dans des cadres ovales, quatre têtes de femmes que mon père, en 1829, n'ayant pas alors 18 ans, avait peintes à l'occasion de la fête de sa mère.

Dès que l'on était levé et une fois la chambre faite, on fermait les persiennes, pour maintenir une pénombre favorable à la conservation de toutes ces splendeurs.

Les deux fenêtres donnaient sur la route de Châtillon, ainsi que celle de la cuisine, séparée de la chambre par le palier de l'escalier.

La chambre de grand-père était de l'autre côté, sur le jardin, après la salle à manger. C'était la pièce la plus grande, la plus agréable, celle où l'on se tenait le plus souvent.

Judith Gautier

Ce qui frappait tout de suite en y entrant, c'était une forte odeur de chat.

On a, plus tard, attribué à mon père cet amour exagéré pour les chats : c'est sa famille, plutôt, qui en était atteinte, car je n'ai vu que là, ces aimables félins en nombre vraiment un peu excessif. On leur avait abandonné une vaste bergère, sur laquelle ils couchaient, tous ensemble.

Il y en avait de gros, de maigres, des angoras, des ras, de jolis, de laids ; sept ou huit, au moins, tous très doux, mais sans beaucoup de personnalité.

Grand-père les tolérait dans sa chambre, où leur bergère tenait presque le milieu. Lui, avait son fauteuil au coin de la cheminée qui était placée d'une façon singulière, entre les deux fenêtres il se tenait là, le plus souvent lisant un journal ou un livre. Si je n'y étais pas forcée, je me risquais peu dans cette chambre, où il fallait rester tranquille, guettée, du coin de l'œil, par un juge sévère, qui ne laissait rien passer.

Chapitre XVII

Je ne sais à qui vint l'idée admirable de me faire suivre, dans mes fugues à travers champs, par le frère de Nini, grand garçon de quinze à seize ans, un peu innocent, et, je ne sais pourquoi, oisif.

Ce fut alors une liberté complète, un vagabondage sans frein.

Aux sorties d'écoles, je fis la connaissance d'autres gamins, et l'idée me vint d'organiser une bande, dont je serai, naturellement, le chef. Selon toute apparence, ce bizarre projet prenait sa source dans les récits du père Rigolet, dont, malgré leur incohérence, j'avais retenu bien des choses.

Nous fûmes bientôt une douzaine, tant garçons que filles, tous plus âgés que moi, mais qui avaient promis obéissance. Le but et la nature de cette association étaient assez confus. Étions-nous des brigands ?... des conspirateurs ?... personne ne demandait d'éclaircissements ; on trouvait l'invention admirable et plus amusante que tous les jeux. Nous nous mettions à la file, moi en tête et le fils Rigolet, le grand dadais de quinze ans, en blouse bleue et en sabots, fermait la marche. Nous longions les murs, d'un air sournois, ou bien nous nous lancions par les grandes routes, à travers les champs ; en général nous nous contentions de cette promenade inoffensive, dont la direction changeait brusquement, selon ma fantaisie. Mais les jours de grande effronterie, nous entrions résolument dans les cours, dans les enclos, et la phrase qu'il fallait dire, à ceux que l'on rencontrait, était : « Nous désirons savoir si l'on est sage chez vous. Si on ne l'était pas, nous serions obligé de punir. »

Le plus souvent, on ne se fâchait pas ; quelquefois cependant des chiens nous aboyaient aux trousses et l'on chassait tous ces gamins, en les menaçant du balai.

Une fois, très loin dans les champs, une cour de ferme se présenta. Toutes sortes de bêtes l'animaient, abandonnées à elles-mêmes. Les étables étaient vides et les fermiers absents. Ma bande, un peu effrayée, n'osa pas franchir le seuil du portail ouvert. Héroïquement, pour l'exemple, je m'avançai seule. Cela déplut, selon toute apparence, à une société de dindons, qui d'un seul élan, avec leur figure ridicule, leurs plumes toutes gonflées, s'élancèrent sur moi en glapissant. Les uns m'insultaient, tandis que les autres m'envoyaient des coups de bec et me déchiraient ma robe. J'eus une peur terrible, qui se manifesta par des cris, et une prompte retraite.

Une fois hors de danger, je me montrai très vexée de l'aventure. Mes compagnons m'assurèrent que je n'aurais pas dû me présenter ainsi, devant des dindons, avec une robe bleue, car ces animaux détestent le bleu, comme les vaches, le rouge.

Je n'ai jamais contrôlé cette affirmation, qui ne me laissa pas le moindre doute, et, aujourd'hui encore, je ne serais pas très tranquille, si je me rencontrais, vêtue de bleu, avec des dindons.

Au retour de ces expéditions, je rentrais à la maison, en coup de vent, comme une trombe, comme un orage. Les papiers volaient en l'air, les portes battaient, les chats disparaissaient sous le lit, tandis que, les cheveux emmêlés, les yeux fous, je me laissais tomber sur un siège, avec un soupir.

C'est à cette époque que l'on me donna le surnom bien mérité, d'*Ouragan*, que j'ai gardé longtemps.

Plus tard, un autre s'y ajouta, assez vilain et incompréhensible, trouvé sans doute par le grand-père ; c'était *Schabraque*. Renseignements pris, ce mot désigne une couverture, en peau de chèvre ou de mouton, employée par la cavalerie légère, et importée d'Orient, par les hussards hongrois. Le mot, à peine déformé, vient du turc : *Tschaprak*. Mais en patois, en patois du Midi sans doute, il signifie une femme, ou une fille, d'allures désordonnées… et c'est cela que le grand-père entendait dire.

Chapitre XVIII

Il fallut bien se calmer un peu, vers la fin de l'automne, quand il faisait noir de si bonne heure, et rester, bon gré mal gré, à la maison.

Grand-père guettait ce moment, et, brusquement, il démasqua ses batteries : il s'agissait d'apprendre à lire !…

Avec lui, cela menaçait d'être terrible. Et pourtant, par une contradiction imprévue, cela alla presque tout seul. J'avais beaucoup de mémoire, une curiosité très vive. Pourvu que la leçon ne fût pas trop longue, et qu'on me laissât étudier, ensuite, à mon idée, en dansant à travers les chambres, j'étais très contente d'apprendre. Cette méthode n'était pas du tout dans les principes du grand-père ; mais quand il allait gronder, je lui prouvais que je savais très bien ma leçon. Il bougonnait bien un peu puis finissait par se rendre :

— La mâtine, disait-il, elle apprend en jouant mieux qu'une autre qui se donnerait de la peine.

Au printemps suivant, je croyais savoir lire, car j'avais entrepris de transmettre ma science à une autre.

Mon élève, ou plutôt ma victime, était naturellement Nini. Je lui faisais honte, d'être si grande et de ne rien savoir. Elle n'avait pas honte, mais ne refusait pas d'apprendre. Nous nous installions sur les marches du seuil, du côté de la route de Châtillon, en face de la grande plaine ; j'ouvrais le livre dans lequel j'épelais, et la leçon commençait. Elle ne durait pas longtemps et finissait mal. Ma méthode d'enseignement n'était pas très bonne, à ce qu'il semble. D'un doigt impérieux je montrais une ligne du livre, et je disais « lis ». Nini restait muette. À la troisième injonction, comme elle ne lisait toujours pas, je la giflais. Alors, elle se mettait à pousser des cris et fondait en larmes. Sa mère sortait, l'empoignait par un bras, et, avec une nouvelle taloche, la faisait rentrer chez elle, tandis qu'une des tantes descendait, pour savoir ce qui arrivait.

— Elle ne veut pas lire, expliquai-je avec une pitié dédaigneuse, pendant qu'on me faisait remonter l'escalier.

En effet, la pauvre Nini ne sut jamais lire.

Chapitre XIX

Du bord de la prairie, au bout des vergers de derrière le jardin, on voyait le bourg de Montrouge et le clocher de l'église, à travers des bouquets d'arbres.

Au lieu de prendre la route de Châtillon et de tourner à angle droit par la Grande-Rue, pour aller à la messe, le dimanche, on prenait par là, quand on était en retard : le sentier qui coupait la prairie en biais, raccourcissait beaucoup le chemin.

Les tantes ne m'emmenaient pas souvent à l'église ; il était trop difficile de me faire rester en repos, un temps aussi long que la durée de la grand'messe. Pourtant, quelquefois, c'est moi qui voulais absolument y aller, à cause de mon ami le curé.

Cet excellent homme, charitable comme un saint, était Corse et fanatique de Napoléon. Mais ce n'était pas cela, certainement, qui m'attirait. La grande bonté, qui rayonnait de lui, m'impressionnait, sans aucun doute, car j'avais plus d'effusion affectueuse pour lui que pour tout autre. Il m'inspirait aussi une certaine admiration : cette robe de dentelle, cette étole brodée d'or, ces gestes bizarres, accomplis à l'autel, dans le silence de la foule recueillie, ou pendant la musique de l'orgue, m'émerveillaient assez ; mais par-dessus tout, ce qui me séduisait irrésistiblement, c'était l'horloge mécanique…

Au presbytère, le bon curé la gardait, accrochée au mur de sa salle à manger, et quelquefois j'allais la voir fonctionner, après la messe. C'était cette perspective qui me faisait endurer cette longue pénitence de l'église, sans bouger et sans rien dire. Le sermon était le plus dur à supporter ; aussi, espérant l'abréger, je me plaçais toujours au pied de la chaire et quand le prédicateur s'approchait pour y monter, je le tirais par sa robe blanche, et lui disais, tout bas :

— Dépêche-toi, parce que j'irai voir ton horloge !

— Chut ! chut ! faisait-il un doigt sur les lèvres, en essayant de prendre un air sévère.

J'arrivais la première au presbytère et j'avertissais la vieille bonne que la représentation aurait lieu.

En attendant, je contemplais le mystérieux tableau, immobile et muet pour le moment. Il y avait un moulin, une cascade, un pont, un meunier derrière un âne. Le tout encadré, recouvert d'une vitre et assez loin de la muraille, à cause de l'épaisseur de la boîte.

Enfin, M. le curé paraissait dans sa soutane noire, il ôtait son chapeau, et prenait un air solennel.

— Mesdemoiselles Gautier, disait-il aux tantes, cette jeune personne a-t-elle été sage

— Hou ! hou ! disait tante Lili.

— Pour elle, ça n'était pas trop mal, affirmait tante Zoé.

Alors, il faut l'encourager à faire mieux.

Il décrochait d'un clou une grosse clé carrée, montait sur un tabouret et tournait longtemps derrière le cadre.

Bientôt, tout s'animait ; l'homme tapait sur son âne, qui remuait les jambes et secouait les oreilles ; le moulin se mettait à tourner ; la cascade à couler ; tandis qu'une petite musique grêle, s'égrenait rapidement. Les yeux écarquillés, je retenais ma respiration, pour ne rien perdre de ce spectacle extraordinaire.

C'était fini quand le meunier, ayant passé le pont, disparaissait, avec son âne, sous la voûte du moulin.

Il fallait vite s'en aller, à cause de grand-père et du déjeuner en retard. Mais ce n'était pas sans avoir promis au bon curé que je serais très sage, pour revenir bientôt voir encore jouer l'horloge.

Chapitre XX

Au lieu des fables habituelles, on voulait me faire apprendre des vers de mon père.

Si j'avais été en âge de comprendre, j'aurais connu le poète avant de connaître l'homme ; mais je ne m'expliquais pas la nécessité de cet exercice, et j'y étais très rebelle. Je ne voulais pas non plus écrire, et, entre mon grand-père et moi, commença un duel sans répit. Il était autoritaire et violent ; moi j'étais têtue, au delà de tout ce qu'on peut s'imaginer. Nous perdions de longues heures, en face l'un de l'autre, et c'était à qui ne céderait pas.

Une fois, la lutte se prolongea très tard dans la nuit. Il s'agissait d'apprendre une poésie qui commençait par ce vers :

« Au Luxembourg souvent, lorsque dans les allées »

Je m'arrêtais au premier hémistiche, bien décidée à ne pas aller plus loin, car c'était justement à cause de cet hémistiche, que je ne voulais pas apprendre cette pièce de vers-là.

La journée passa, je fus privée de dîner, car je ne touchais pas au pain sec ; la soirée passa aussi, j'en étais toujours :

« Au Luxembourg souvent… »

J'avais mes raisons pour ne pas vouloir, et ces raisons vraiment, je ne pouvais pas les dire, au grand-père surtout.

Quand on jugeait que, par extraordinaire, j'avais été sage, pour me récompenser, grand-père m'emmenait au Luxembourg. Je ne redoutais rien autant que cette récompense. Du Grand-Montrouge au Luxembourg, à pied, c'était loin pour mes petites jambes, surtout en cette austère compagnie, tenue par la main, tout le long de la route. La grille du jardin franchie, je restais sur une chaise, navrée ; pour me régaler, grand-père achetait un échaudé !… Je détestais le Luxembourg, je détestais l'échaudé, que j'émiettais, pour faire croire que je l'avais mangé, sur la pénible route du retour…

« Au Luxembourg souvent !… »

J'étais bien résolue à me laisser tuer, plutôt que d'apprendre cette pièce de vers-là.

À minuit, nous étions encore en présence, le grand-père et moi : les tantes, après d'inutiles essais de conciliation, étaient allées se coucher.

— Nous verrons qui cédera le premier ?…

Je ne sais plus comment finit l'histoire. Sans doute un de nous deux s'endormit.

Judith Gautier

Chapitre XXI

Les gamins de ma bande m'avaient enseigné l'art, très important, de grimper aux arbres. J'avais montré des dispositions remarquables, et le plus souvent, quand le temps permettait de vivre dehors, j'étais à califourchon sur quelque branche. Le grand catalpa central du jardin, était mon perchoir le plus habituel. Ses larges feuilles me cachaient très bien et, quelquefois, je me laissais chercher partout, quand j'étais là, tout près. Mais un éclat de rire, que je ne pouvais pas longtemps retenir, me trahissait.

Presque toujours, les après-midi, les tantes venaient s'asseoir sur la pelouse, à côté du fauteuil de grand-père. Elles causaient ou faisaient du crochet. Lui, un livre à la main, me poursuivait de quelque devoir.

— As-tu appris *Paysage* ?... Descends me le réciter.

— D'ici je le sais très bien et, c'est drôle, si je descendais, je suis sûre que je l'aurais tout de suite oublié.

Et je me dépêchais de réciter :

Pas une feuille qui bouge
Pas un seul oiseau chantant,
Au bord de l'horizon rouge
Un éclair intermittent.

— Je trouve que les feuilles bougent beaucoup et qu'il y a un gros oiseau qui chante, disait tante Zoé...

Quand il y avait des visites, on apportait des chaises et des rafraîchissements, et on restait là, sous l'ombre du catalpa.

Ceux qui venaient n'étaient pas très nombreux ; les plus fréquents étaient le commandant Gruau, avec sa femme, presque des voisins ; ils habitaient au Petit-Montrouge, à vingt minutes à peu près de chez nous. Avec eux, venait souvent une dame, qui, elle, était de Paris. Je ne l'ai jamais connue que sous le nom de la Tatitata. Les tantes l'aimaient beaucoup et elle m'était, à moi, très sympathique. Jolie, très brune, la bouche ombrée d'un peu de duvet, la voix grave, mais très douce, je ne pouvais pas m'imaginer autrement une Espagnole.

Un jour, la société, réunie sur la pelouse, après m'avoir longtemps taquinée de questions, m'envoya voir l'heure qu'il était, dans la chambre de grand-père. Heureuse de m'échapper, je grimpais vite le petit escalier de bois, qui montait de la cour dans la salle à manger. J'entrai dans la chambre et je pris un tabouret, pour monter dessus, et bien m'installer devant la pendule.

Cette pendule était simple autant que laide. En bois noir verni, avec un double rang de perles en cuivre, et sous le verre, autour du cadran, une guirlande ciselée, elle servait de socle à un petit buste de mon père, en plâtre stéariné.

Les coudes sur la cheminée, la figure dans mes mains, je regardais de très près le cercle des heures ; mais je ne le voyais guère, occupée que j'étais à retourner dans ma tête un problème très ardu.

On venait de me faire subir un véritable interrogatoire, sur mes pensées les plus secrètes, et j'étais fâchée contre ceux qui m'avaient ainsi harcelée, fâchée contre moi-même aussi, contre moi surtout. Pourquoi devinait-on ce que je pensais ?… Ce devait être par ma faute… Est-ce que les grandes personnes voyaient à travers moi ?… Pourtant, bien des fois, on n'avait rien su ; mais c'était quand on ne me faisait pas parler, comme on venait de le faire là, tout à l'heure. Certainement il y avait de ma faute, je disais ce qu'il ne fallait pas dire, ce que je ne voulais pas dire ; comment faisaient-ils pour m'y forcer, sans en avoir l'air ?… Cela me remplissait de colère et de chagrin. J'avais l'impression, très singulière, que ma personne intérieure, nul autre que moi n'avait le droit de la connaître et de la juger ; là, aucun grand-père, aucune tante ne pouvait gronder, ou raisonner, ni savoir surtout. Tant que j'imaginais secrètement, sans parler et sans agir, cela ne les regardait pas.

La petite personne, inconnue et solitaire, qui était au fond de moi, n'entendait pas être découverte. Sans doute quelque aveu maladroit m'avait été arraché, pour que je fusse, ce jour-là, amenée à une réflexion aussi décisive. C'était la première fois que j'essayais de m'expliquer avec moi-même, sur cet état particulier, où il me semblait être dédoublée.

Le souvenir de la pendule, à laquelle j'étais censée voir l'heure, est resté attaché à celui de cette grave méditation.

Judith Gautier

Quand je revins dans le jardin, les chiffres romains étant pour moi indéchiffrables, j'annonçais une heure impossible et l'on m'accusa, pour être restée aussi longtemps, d'avoir fouillé dans le placard et chippé des confitures.

Chapitre XXII

Grand-père était très fier de son fils, célèbre depuis longtemps déjà, et il s'efforçait de me faire partager ce juste orgueil.

— Moi, je suis son père, toi, tu es sa fille ! disait-il, il faut tâcher de lui faire honneur. Ça ne sera pas en gaminant sur les routes… Que diable ! tâche d'apprendre à écrire, au moins, pour pouvoir tracer son nom.

— Mais, où était-il, ce père ?…

« Il voyageait. Il écrivait des livres. Il avait bien le temps de s'occuper d'une schabraque comme moi !… »

Ce fut dans une maison, où il vint pendant quelque temps dîner assez régulièrement, que je vis alors, quelquefois, mon père. Un monsieur B…, dont la Tatitata était la femme, ou la parente, car elle demeurait avec lui, donnait un dîner intime, chaque mois, je crois, en l'honneur de Théophile Gautier, et l'on m'amenait de Montrouge, pour le voir et qu'il me vît.

C'était toujours une des tantes ; grand-père, qui souffrait d'un catarrhe, ne sortait pas le soir. Nous venions de bonne heure. La tante profitait de cette occasion pour faire des courses et des emplettes dans Paris et me laissait à la Tatitata, avec qui je passais la journée.

C'était dans le quartier de l'Odéon, rue de Condé, à ce qu'il me semble, ou rue de Tournon, une vieille maison à escalier de pierre et rampe ouvragée, le tout un peu gauchi et déjeté. Au premier étage il y avait deux portes, une en face, l'autre à droite. Celle en face, presque toujours ouverte, était celle de la cuisine, l'autre celle de l'appartement.

Tout de suite, en arrivant, je me précipitais dans la cuisine, pour prévenir la bonne et lui dire bonjour, puis je criais à la tante, restée au pied de l'escalier :

— Je suis arrivée, tu peux t'en aller !

Par la porte de droite, protégée par deux battants de drap vert, on entrait tout de suite dans la salle à manger, dallée de noir et de blanc. Un paravent déployé protégeait la table, à cause de la porte, qu'on ouvrait à chaque instant, sur l'escalier, pendant le service.

Je traversais le salon, en courant, et j'allais poliment frapper à la porte de la Tatitata.

— Ah ! voilà Ouragan ! disait-elle en posant sa broderie.

Dans cette chambre, triomphait l'élégant acajou, qui contrastait avec le ton clair des boiseries grises.

Bien vite, le chapeau retiré et les politesses faites, j'avais trouvé le damier et je le posais devant la maîtresse du logis. Alors, très gaîment, avec une patience charmante, elle s'efforçait de m'apprendre à jouer aux dames.

Quelquefois il arrivait des visites, le plus souvent c'était Mᵐᵉ R... avec sa fille, Marie ; elles venaient aussi pour voir mon père, qui était le parrain de Marie.

— C'est mieux que la filleule des fées, disait Mᵐᵉ R... C'est la filleule du génie !

Vers l'heure du dîner, lassée de rester sur ma chaise, à écouter les conversations, j'allais faire un tour à la cuisine. La bonne me faisait goûter les plats, et je l'aidais à finir de mettre le couvert. Bientôt, M. B... arrivait, souriant, pressé, avec ses favoris courts, son gilet bien tendu sur son ventre où la chaîne d'or mettait un double feston. Il entrait un instant dans son cabinet, à gauche de la salle à manger, pour déposer son chapeau et sa canne ; puis il revenait avec un bougeoir. Il s'agissait d'aller à la cave, choisir le vin ; la bonne prenait un porte-bouteilles en osier et une grosse clé, et nous descendions tous les trois. Elle passait devant ; ses manches blanches, son grand tablier à bavette, son large bonnet tuyauté, mettaient de la clarté dans l'escalier noir et me rassuraient un peu, car j'avais la terreur de l'obscurité et des caves ; mais c'était tout de même amusant et j'aimais presque avoir peur.

— Tu comprends, petite, disait M. B... quand on reçoit Théophile Gautier, ce n'est pas pour lui faire boire de la piquette.

Et il choisissait, dans différents coins, des bouteilles poudreuses,

Judith Gautier

dont le panier s'emplissait.

J'étais la première à remonter, fière cependant d'avoir été si brave.

Enfin, mon père paraissait, accueilli par un murmure de bienvenue. Il m'enlevait du sol pour m'embrasser, me considérait quelques instants, puis me reposait doucement à terre et ne s'occupait plus guère de moi.

Je le connaissais fort peu, et une fois rendue à moi-même, je l'examinais avec beaucoup de curiosité, afin de découvrir ce qu'il avait de particulier, qui le rendait si admirable.

Je trouvais qu'il était bien habillé, qu'il avait la figure plus blanche et les cheveux plus luisants que tous les autres ; qu'il riait en penchant sa tête d'un côté, et que son monocle tombait toujours. Là, se bornaient mes découvertes, et le dîner, très excellent, absorbait bientôt toute mon attention.

Au dessert, on me servait la première, puis il fallait quitter la table, faire ses adieux et s'en aller, de la salle tiède et brillante, pour regagner le lointain Montrouge, à travers le noir et le froid.

La tante, qui n'était pas très rassurée, me faisait marcher vite, par les rues, et je trottais pour égaler ses grands pas. Il s'agissait de ne pas manquer la dernière voiture.

Je ne peux retrouver en quel endroit était située cette cour, d'où partaient les Montrougiennes. Nous y arrivions essoufflées et, le plus souvent, en avance. Des gens s'y promenaient, en long et en large, attendant le départ, et il fallait aussi aller et venir pour ne pas avoir froid. Rien ne me paraissait plus inquiétant que cette cour sombre et ces inconnus, que les rares réverbères, les éclairant par intermittences, ne permettaient pas de bien distinguer. J'imaginais toutes sortes d'histoires effrayantes sur chacun d'eux, et probablement les quelques gouttes de vin que j'avais bues, étaient pour quelque chose dans mes imaginations.

Enfin le conducteur, traînant ses sabots, arrivait, portant une lanterne et un registre. Sous le jet de lumière, la lourde voiture jaune apparaissait, les chevaux, somnolents, s'éveillaient et secouaient leurs grelots, le conducteur ouvrait la portière, et d'une voix enrouée, commençait à appeler les noms des voyageurs inscrits.

Enfouie dans la paille, étourdie par les cahots et le bruit des roues,

Chapitre XXII

je ne tardais pas à m'endormir, quand je n'étais pas tenue éveillée par l'angoisse de l'arrivée, bien plus sérieusement redoutable que le départ de la cour sombre.

La *Montrougienne* terminait sa course au Petit-Montrouge, sur une place, qui avait à un de ses coins un puits, en forme de tourelle, et peint en rouge sang. La route de Châtillon partait de là. Les quelques voyageurs que l'on n'avait pas laissés en chemin s'éparpillaient rapidement et il était rare que l'un d'eux se dirigeât vers le Grand-Montrouge, et fît route avec nous. Nous restions donc seules, en face de cette ombre et de cette solitude. La tante, plus consciente du danger, avait encore plus peur que moi. Nous prenions le milieu de la chaussée et nous nous lancions, presque en courant. Il fallait traverser les fortifications, avec ses fossés, où tant de mauvaises gens devaient être tapis, puis faire un long bout de la route de Châtillon, où il n'y avait pas une lumière, où les maisons étaient si rares. Je jetais des regards rapides dans tout ce noir, où je croyais voir danser des nuages. Nous trébuchions sur les ornières, nous glissions sur la terre gluante, et quand, par hasard, un passant nous croisait, la tante marmottait des prières.

Enfin, nous apercevions, en travers de la route, la lueur venant de notre maison, où l'on allumait exprès beaucoup de lumières, pour nous rassurer un peu, et tenir en respect les rôdeurs.

C'était une véritable délivrance quand, après nous être précipitées dans le vestibule, nous repoussions violemment la porte, qui, avec un bruit sourd, se refermait derrière nous.

Chapitre XXIII

Il y avait sous l'escalier qui conduisait de la salle à manger à la cour, une citerne à fleur de sol, munie d'un couvercle, que l'on oubliait souvent de replacer. La nuit, alors, il arrivait quelquefois que les chats, en bataille, tombaient dans l'eau, avec un grand « pouff » et des cris épouvantables.

Et c'était, dans la chambre où nous dormions, un réveil effaré, la bougie allumée nerveusement.

— Un chat qui se noie !...

Judith Gautier

— On n'a pas fermé la citerne !

Et vite, vite, hors du lit, abandonnant la pantoufle qu'elles ne trouvaient pas, les tantes disparaissaient dans le vent de la porte. J'avais bientôt fait, moi aussi, de sauter à bas du lit et de courir derrière elles.

Mais je restais sur le petit palier de l'escalier, dont le retour sur lui-même, me situait, là on ne peut mieux, pour bien voir le sauvetage. La tête engagée entre les balustres, j'assistais à une scène extraordinaire.

Dans l'ombre, qui s'amassait encore plus noire sous cette pente de l'escalier et où tremblait l'étoile rousse de la lumière éclairant si singulièrement, je ne reconnaissais plus les tantes. Accroupies au bord du rond sonore, plein d'un clapotis frénétique, les cheveux tout ébouriffés, leurs chemises de nuit gonflées au vent, elles me faisaient l'effet de furies ou de sorcières. L'une tenait une lanterne, au-dessus de la citerne, l'autre s'efforçait, avec des traits crispés, d'attacher une corde à l'anse d'un panier. Enfin, on pouvait jeter cette nacelle de salut et le malheureux chat s'y accrochait, de toutes ses griffes ; mais ce n'était pas cela qu'il fallait ; quand on voulait le remonter, le panier basculait et la pauvre bête retombait. Il devait entrer dans le panier, ce qui n'était pas facile à obtenir. Les tantes se penchaient de plus en plus au risque d'aller rejoindre le chat. Tante Zoé finissait par se mettre à plat ventre le bras complètement englouti dans l'orifice noir, tandis que tante Lili l'empoignait par sa chemise pour la retenir.

— Il y est !...

Et tante Zoé se relevait, tirait vivement la corde.

— « Prends garde qu'il ne te saute à la figure » recommandait tante Lili.

Le noyé émergeait alors, les yeux hors de la tête, réduit à rien, les poils collés, gluants et ruisselants, lamentable et ridicule. On le remontait pour l'essuyer et le sécher ; mais avant cela je m'étais bien vite sauvée pour me refourrer dans mon lit, où, un peu grelottante et très impressionnée, j'avais beaucoup de peine à me rendormir.

Chapitre XXIII

Chapitre XXIV

Comme à tous les enfants, on me racontait des histoires et je commençais à prendre plaisir à en lire moi-même.

Celle dont je gardais la plus forte impression, était le Chaperon-Rouge, à cause du loup. On n'avait pas manqué de me faire remarquer, qu'une aventure, pareille à celle que rapportait le conte, pouvait très bien arriver à une petite fille comme moi, qui ne voulait écouter personne et rôdait toujours par les champs et les chemins. Cela me donnait à réfléchir. Je ne croyais pas beaucoup aux fées, en tout cas, je ne les redoutais guère et je me sentais de force à tenir tête même à la fée Carabosse, s'il m'arrivait de la rencontrer. Mais le loup !... Je n'avais aucun doute sur son existence ; non pas le loup déguisé en grand'mère avec un bonnet de nuit et des lunettes, mais un vrai loup, qui me paraissait devoir habiter, très évidemment, dans les lointains violets et troubles de la grande plaine. Moi qui, jusque-là, était plutôt trop audacieuse et que rien ne retenait, j'avais maintenant une crainte sérieuse, le sentiment d'un danger très redoutable, venant de cet inconnu, où j'aimais tant aller à la découverte. Le jour, j'étais assez intrépide encore ; on m'avait dit que le loup ne sortait du bois que le soir ; mais je prenais bien garde à la venue du crépuscule, et, si je m'étais attardée, je me hâtais vers la maison, en jetant derrière moi des regards pleins d'anxiété.

D'ailleurs, les tantes, dont la méthode d'éducation n'était peut-être pas des plus recommandables, s'ingéniaient à me faire peur : à tout propos elles me criaient « Au loup ! au loup ! »

Tante Lili se déguisait en fantôme, en se couvrant la tête d'un drap et me menaçait d'une voix caverneuse ; et, quand il faisait de l'orage, tante Zoé me donnait l'exemple d'une fuite épouvantée au fond d'un cabinet noir.

Ces façons d'agir, si elles m'impressionnaient, nuisaient aussi aux sentiments de déférence que des ascendants auraient dû m'inspirer, peut-être ; je considérais plutôt mes tantes comme des camarades, avec lesquelles je vivais en très bons termes, tant qu'elles ne s'avisaient pas de vouloir m'imposer une autorité. Leur situation vis-à-vis de leur père, me semblait analogue à la mienne.

Judith Gautier

Elles disaient « papa » comme je disais « grand-père » et quand il les brusquait et les grondait, elles lui répliquaient beaucoup moins que moi.

Je n'admettais pas les gronderies et je me dérobais aux punitions. Celle que je redoutais le plus était d'être enfermée ; aussi, dès qu'après quelque méfait grave je pressentais l'orage ; je me cachais.

Je passais des après-midi entiers au fond d'une vieille niche à chien, inoccupée et oubliée dans un coin de la cour. Ou bien c'était entre les branches touffues d'un arbre. Pendant la saison des fruits, je choisissais un abricotier des vergers, où j'avais, au moins, de quoi m'occuper. Avec une patience et une ténacité incroyables, je restais là immobile et silencieuse, m'ennuyant beaucoup, mais ne cédant jamais.

On me cherchait, on m'appelait en me promettant l'impunité ; mais je n'avais pas confiance et, tant qu'il faisait jour, je tenais bon. Mais, voilà, à l'heure du loup, mon héroïsme fléchissait. Sitôt que l'ombre rendait un peu trouble le sous-bois, je dégringolais prestement et je me rapprochais de la maison, où je rentrais en sourdine. Quand je revenais des vergers, au temps des abricots mûrs, le ventre tendu à éclater, je me moquais bien du pain sec.

Tante Zoé s'avisa un jour de vouloir me fouetter. Ce fut une scène impossible, une lutte où je ne fus pas vaincue. Assise par terre, cramponnée au pied d'une commode, j'envoyais des coups de pieds forcenés, en poussant de tels cris, que les rares passants de la route de Châtillon s'ameutaient, croyant à un égorgement.

— Laisse-là, disait tante Lili, elle va avoir des convulsions.

Jamais une larme dans mes yeux, d'ailleurs, je criais mais je ne pleurais pas ; je me défendais, mais je n'avais aucunement l'idée de demander grâce, ni de m'humilier.

Je ne voulais pas être punie, pas plus que je ne désirais de caresses. Depuis que j'étais déchue de ma royauté et privée de la chère nourrice, toujours seule aimée, je devenais très dure pour moi-même, subissant stoïquement les conséquences de mes actes ; j'endurais les privations, et jusqu'à la souffrance physique sans me plaindre.

Je me souviens de dégringolades, sur l'escalier de la cour, quand je m'étais lancée étourdiment à toute vitesse, où je ponctuais chaque

Chapitre XXIV

choc, de marche en marche, d'un :

— C'est bien fait !… c'est bien fait !…

J'avais cependant bien peur qu'un ricochet m'envoyât au fond de la citerne, comme les chats…

C'était Nini qui pleurait, quelquefois, en me voyant toute contusionnée et écorchée.

— Que tu es bête ! lui disais-je, il ne faut pas pleurer, puisque c'est de ma faute.

Chapitre XXV

Parmi les rares amis qui nous rendaient visite, celui qui venait le plus souvent était Rodolpho, un tout jeune homme, que le grand-père et les tantes avaient vu grandir. Il s'appelait, réellement, Adolphe Bazin. Tout enfant, sa mère habitant Passy, il avait voisiné avec la famille Gautier. On s'était beaucoup intéressé à lui et grand-père lui avait appris le latin. Il était donc comme de la maison, et, quand il venait à Montrouge, il y passait quelquefois deux ou trois jours. Il couchait, alors, dans une chambre dont je n'ai pas encore parlé, située à côté de celle où nous dormions. Un grand lit y était monté ; mais elle n'était pas autrement meublée et servait à toutes sortes d'usages : cabinet de toilette, garde-robes, réserve des confitures, grenier des provisions ; je l'appelais : la chambre aux légumes. C'était là qu'on m'enfermait, quand je n'avais pas été sage et qu'on pouvait me saisir à temps. Je me vengeais comme je pouvais. Les confitures étant sous clé, je m'en prenais aux légumes ; il m'arriva de dévorer toute crue, une botte de carottes, ce dont j'eus lieu de me repentir.

Un autre visiteur, qui ne venait que rarement, et dont j'ai gardé cependant un souvenir très précis, était le comte Henri de Poudens, cousin germain de mon père. Il était grand, très fort, avec une belle figure joyeuse, un peu déparée par un accident qui lui avait fendu la lèvre supérieure. Sa résidence habituelle était, je crois, en Gascogne où il avait des châteaux et des terres. Il venait sans doute aussi dans les environs de Paris, chez l'abbé de Montesquiou, au château de Maupertuis, près de Coulommiers. Les tantes en parlaient sans cesse, de ce château de Maupertuis ; l'abbé avait

Judith Gautier

été le parrain de Zoé, et, quand elles étaient fillettes, elles avaient souvent passé leurs vacances chez le parrain, avec mon père, qui a laissé comme souvenir dans la petite église de Maupertuis un tableau représentant Saint-Pierre, qui décore aujourd'hui encore, peut-être, le maître-autel.

Henri de Poudens m'avait fait un cadeau superbe et c'est la reconnaissance qui m'a empêchée d'oublier cet aimable cousin, que j'ai vu si peu. Ce cadeau était une très grande poupée, avec une garde-robe somptueuse et un lit complet, en acajou. J'avais pour cette majestueuse personne un certain respect ; j'en prenais grand soin et je ne la sortais que quand il faisait beau ; mais cependant elle ne m'amusait que médiocrement ; je n'aimais en réalité que les petites poupées de bois articulées, que l'on appelait : poupées à ressorts et qu'on ne trouve plus nulle part aujourd'hui ; on pouvait les acheter partout, alors, chez les épiciers, chez les merciers. Elles coûtaient un sou, et même, les plus petites, un sou les deux !

Je n'en avais jamais assez ; c'était chez moi une véritable manie, tout l'argent, que je pouvais récolter, passait en achats de poupées à ressorts ; je ne réclamais jamais d'autre jouet, aucun, hors celui-là, ne m'intéressait. J'habillais toute ce petit monde avec des bouts de chiffon et même des bouts de papier, et je les groupais de toutes sortes de façons. J'imitais les baptêmes, les processions de la Fête-Dieu, les funérailles ; toutes choses dont l'église m'avait donné le spectacle ; ou bien j'inventais des scènes, des batailles, des danses, d'une haute fantaisie. Nini Rigolet était toujours naturellement mon public. Soumise et patiente, elle ne parvenait pas à s'illusionner autant que moi, ni à comprendre toujours mes étonnantes inventions ; mais elle s'y efforçait, sans se lasser, et pour la récompenser, je lui abandonnais les manchettes et les boiteuses, qui n'étaient pas rares, vu la fabrication un peu sommaire, de ces petites personnes de bois.

Chapitre XXVI

En sortant de la maison, on suivait, à droite, la route de Châtillon pour aller voir le commandant Gruau, qui habitait, pas loin de chez nous. Au carrefour du Petit-Montrouge, après avoir passé devant la tourelle du puits public, badigeonné d'un si beau ton de sang, on n'avait plus qu'à traverser l'avenue d'Orléans : on y était.

Ce commandant Gruau, vivant là, avec sa femme et ses enfants, était un ami de M. B… ou plutôt, peut-être, le gérant ou le directeur de son entrepôt de vins. L'état social des personnes ne préoccupe guère les enfants et je ne sais en somme rien de précis, je ne suis pas même sûre du tout, que ce personnage fût commandant, ni même qu'il s'appelait Gruau.

La grande porte cochère, la petite maison à gauche, à droite l'immense chai, rempli de tonneaux géants, le beau jardin, dans lequel il m'arriva une aventure douloureuse, de cela seulement je suis bien certaine.

Le chai m'impressionnait tout spécialement ; j'y restais longtemps plantée sur mes jambes, en admiration.

Par le contraste de cette pénombre, dans laquelle on était plongé, tout au loin, le jardin, auquel aboutissait le chai, de l'autre côté, apparaissait, dans une lumière et avec des aspects de féerie ; les feuillages les plus proches, formant vitraux, étaient d'un vert clair et délicieux ; ils s'arrangeaient en guirlandes, en toutes transparentes, derrière, lesquelles les lointains roses et or se reculaient, dans des perspectives extraordinaires ; j'étais toujours très déçue, quand je m'élançais enfin dans la merveille, de la voir se désagréger, disparaître, pour faire place, il est vrai, au beau jardin, plein de fleurs, avec les vallonnements de sa grande pelouse et ses allées au cailloutis blanc, qui me consolait très vite.

J'avais là, des camarades, trois ou quatre garçons turbulents, fils de je ne sais trop qui. L'un d'eux, il me semble, s'appelait Félix. Ils étaient très élégants dans leurs costumes et parlaient toujours de chevaux ; l'un surtout, se vantait de savoir très bien reconnaître, tout seul, une jument d'un cheval, ce dont il tirait vanité.

Ils étaient beaucoup plus grands que moi ; mais ma vie de vagabondage m'avait rompue aux exercices violents, et ils ne dédaignaient pas trop de jouer avec cette toute petite.

Un soir d'été, il faisait encore grand jour, nous étions dans le jardin, loin des personnes graves, restées à table, mes compagnons découvrirent, sous la porte cochère, une voiturette, destinée à je ne sais quel usage, et ils s'en emparèrent.

— Monte dedans, nous allons te traîner.

Judith Gautier

— Oui, répondis-je, c'est moi qui serai l'impératrice !…

Sans doute on m'avait conduite dans quelque hippodrome de foire, où j'avais vu un triomphe romain, peut-être, et de là me venait ce souvenir. En tout cas j'étais très renseignée sur cette impératrice, que je voulais être. Je dérangeai le ruban de mes cheveux, pour m'en faire une couronne ; je cueillis une petite branche qui fut le sceptre, et je me tins debout dans la voiture. Mes camarades s'attelèrent avec des cordes et se lancèrent au petit trot, dans les allées.

Je parvins à maintenir mon équilibre et à garder une attitude, que j'imaginais très majestueuse. Tout en courant, l'attelage se retournait, et comme je me tenais ferme, on pressa peu à peu l'allure. Au second tour du jardin, je risquai une pose : la jambe levée en arrière et les bras déployés.

C'était peut-être moins impérial, mais l'effet fut superbe ; les gamins s'enthousiasmèrent ; ils se mirent à pousser des cris et s'emballèrent dans une course folle.

J'étais complètement grisée et illusionnée, en route pour des pays inconnus… Malheureusement, à un tournant trop brusque, le char versa brutalement et l'impératrice, avec un élan terrible, fut projetée par terre…

Je fus d'abord abasourdie par le choc, puis j'éprouvais une atroce douleur au bras gauche.

Les garçons s'étaient précipités pour me relever. Je ne criais pas, je ne pleurais pas, — puisque c'était ma faute ; — mais ils furent très effrayés du changement de mes traits.

— J'ai très mal, dis-je seulement en soutenant de mon bras droit, mon bras gauche complètement inerte.

L'un des enfants courut chercher du secours tandis que les autres m'aidaient à marcher, vers la maison.

— Elle s'est cassé le bras !… disaient-ils.

Mon bras n'était pas cassé, mais ce qui était pire, peut-être, très dangereusement foulé. À défaut de médecin, un pharmacien voisin fut appelé, qui essaya un pansement et me fit horriblement mal. Cette fois je criaisvigoureusement : « Au loup ! au loup ! » en envoyant des coups de poing de mon bras libre.

Je me souviens que Rodolpho était là, parce que ce fut lui qui me

Chapitre XXVI

porta, pour rentrer.

Il faisait tout à fait nuit, quand on se mit en route, à petits pas. Sans doute on nous reconduisait, un bout de chemin, ou peut-être jusqu'à la maison, car il me semble que nous étions un groupe nombreux.

— Mon Dieu ! mon Dieu !… redisait à chaque instant tante Zoé, en se grattant le coin du sourcil, que va dire papa ?…

Rodolpho me tenait couchée sur ses bras et me parlait gentiment pour me consoler ; mais je ne me plaignais pas. J'endurais patiemment la douleur lancinante et ce poids effrayant de mon bras, qui me semblait changé en pierre. J'avais un peu honte d'être portée ; mais je sentais bien que c'était trop lourd, que je ne pourrais pas marcher.

En débouchant, hors des fortifications, sur la route de Châtillon, le grand morceau de ciel qui se découvrit, apparut si merveilleusement criblé d'étoiles, que l'on s'arrêta pour l'admirer. La tête renversée sur le bras qui me soutenait, j'étais on ne peut mieux placée pour voir le ciel, et je crois que ce fut, ce soir-là, pour la première fois que je regardais les étoiles.

— Qu'est-ce que c'est… dis ?…

Et Rodolpho, comme s'il eût parlé à une grande personne, se mit à m'expliquer le ciel, l'infini de l'espace, les innombrables soleils. Était-ce la fièvre qui m'aida à comprendre ? Mais ce, fut comme si on avait brusquement déchiré un rideau devant tout cet inconnu, qui m'intéressa si passionnément plus tard. L'impression fut grande et profonde ; jamais je ne me suis souvenue de cette première souffrance physique, endurée ce jour-là, sans qu'elle ne fût aussitôt voilée par cette splendeur : la première vision des étoiles.

Chapitre XXVII

Je ne sais pourquoi, ce soir-là même, on me fit un lit, sur un divan, dans la chambre de grand-père où je couchai jusqu'à complète guérison de la foulure.

Ce fut long ; le pharmacien avait tellement serré mon bras, le soir du premier pansement, qu'une enflure effrayante se produisit, lorsque le médecin de la famille, le docteur Pellarin, défit les bandes, le lendemain matin, en déclarant qu'on avait aggravé le mal.

Pour réparer la maladresse, il me fit encore plus mal, tellement qu'à travers ma fièvre, je le pris réellement pour le loup et que je méditai, contre lui, une vengeance.

Grand-père, très apitoyé, adoucissait beaucoup son caractère ; il restait près de moi et me racontait des histoires, un peu trop sérieuses et qui ne m'amusaient pas beaucoup. Je préférais en raconter moi-même. C'était une habitude que j'avais prise tout à coup, et dont je fatiguais avec insistance les auditeurs forcés.

Ce qu'étaient ces histoires, je n'en ai aucune idée, je me souviens seulement que l'art des transitions, dans le récit, me manquait complètement... Je n'avais qu'une seule formule : Et puis... Et puis !... si bien que les tantes agacées, me criaient :

— Dis donc quelquefois : citerne.

Je ne comprenais pas le sens de l'ironie, mais je tenais compte de l'observation et au lieu de dire « et puis... » je disais quelquefois « et citerne ».

L'histoire que je racontais ce jour-là à grand-père, tendait à lui démontrer qu'il devait me prêter sa canne, la terrible canne dont il me menaçait quand il me pourchassait à travers champs ! « Comme j'étais malade, des gens méchants venaient la nuit, pour m'empêcher de dormir, mais s'ils voyaient la canne, ils n'oseraient pas approcher. » Je parvins à le persuader, car la canne à pommeau d'argent était couchée à côté de moi quand je m'endormis.

Le bon docteur Pellarin, penché sur mon bras foulé, ne se méfiait pas et fut bien surpris de recevoir, tout à coup, sur le dos, des coups de canne, heureusement pas très vigoureux.

Grand-père, lui, fut très stupéfait de mon machiavélisme ; mais j'étais trop malade pour être grondée. On s'efforça sans me convaincre, de me démontrer que si l'on m'avait fait mal, c'était pour mon bien.

Cependant, quand je pus porter, sur mon bras guéri, une pile d'assiettes, j'allai au devant du docteur et, moi-même, je lui demandai pardon, de l'avoir pris pour le loup.

Chapitre XXVII

Chapitre XXVIII

Un nacre à galerie, hérissé de paquets et de malles, s'arrêta un jour, à la grande stupéfaction des rares voisins, au bord du trottoir, devant notre maison.

Au bruit insolite d'une voiture, route de Chatillon, j'avais bondi à la fenêtre de la cuisine, que j'avais ouverte pour mieux voir.

Le cocher, debout et retourné sur son siège, dénouait des cordes et jetait par terre des paquets, de l'intérieur de la voiture s'échappaient des miaulements, et, tout à coup, hors du cadre de la portière, jaillit une extraordinaire figure de vieille femme, couleur de pain d'épices, les mèches éparses, le chapeau tombé dans le dos, qui se mit à parler avec de grands gestes, aux Rigolet, tous dehors et béants de curiosité.

La voix de Florine cria dans l'escalier :

— Mam'zelle Zoé, descendez vite, c'est pour chez vous !…

Je vis tante Zoé traverser le trottoir, en se grattant le coin du sourcil, comme elle faisait toujours quand elle était embarrassée. Mais quand elle fut près de la voiture elle se mit à pousser des Ah ! et des Oh ! ouvrit précipitamment la portière et l'étrange vieille personne lui tomba dans les bras.

Tante Lili était venue près de moi à la fenêtre et clignait ses petits yeux myopes pour mieux voir.

— Vite ! vite ! appelle papa, lui cria tante Zoé, qui tenait un panier, dans lequel un chat miaulait éperdûment, c'est la tante d'Avignon !…

— La tante d'Avignon !…

Elle arrivait, comme cela, sans avoir prévenu, pour passer un mois avec son frère et ses nièces.

Grand-père lui fit presque une scène. Elle répondait, au milieu d'éclats de rire, dans un français semé de patois et avec un accent extraordinaire.

Les yeux écarquillés, je regardais, avec stupéfaction, cette vieille figure, anguleuse et noire, comme cuite au soleil du Midi, éclairée par les mèches blanches et les dents saines ; agréable malgré sa laideur, si gaie, si bonne aussi, et qui parlait avec une volubilité si

Judith Gautier

drôle, en une langue incompréhensible.

Elle me découvrit tout à coup.

— Boudillou !... C'est ma petite nièce, cet amour-là ? s'écria-t-elle, est-elle jolie la bagasse !...

Et, m'attirant entre ses genoux, elle me dit les gentillesses les plus flatteuses, mêlées de mots inconnus.

Son installation dans l'appartement causa un grand remue-ménage ; les tantes lui abandonnèrent leur lit, émigrèrent dans la chambre aux légumes ; mais je ne fus pas déplacée, et l'idée ne m'effraya pas de coucher dans le voisinage de cette extraordinaire personne.

Cette tante d'Avignon, dont je n'avais pas entendu parler jusque-là, s'appelait : Mion Gautier (Marie, sans doute). C'était l'unique sœur de grand-père, un peu plus jeune que lui. Elle habitait Avignon, dans une petite maison de la rue Calade, qui lui appartenait, et elle vivait là, toute seule, n'ayant jamais été mariée.

On me raconta, plus tard, la cause du célibat de cette bonne tante Mion, qui avait été dans sa jeunesse très romanesque et d'un idéalisme intransigeant. Elle était fiancée à un jeune homme, sans doute plein de qualités, à qui elle en prêtait d'autres encore, qu'elle considérait comme un héros, un être éthéré, exempt de tout le prosaïsme de la vie. Il venait faire sa cour chaque jour, et elle l'attendait en rêvant, guettant sa venue du haut de sa fenêtre, dont la vue s'étendait sur la campagne, au loin..., hélas !...

Une fois, qu'il s'avançait ainsi, ne prenant pas garde, le malheureux, au danger qu'il courait d'être aperçu par celle qui ne voyait que lui, il s'arrêta, troublé par quelque malaise, et agit comme s'il eût été seul !...

L'indignation de la fiancée n'eut pas de mesure, tout son beau rêve s'effondra subitement, sous le choc de cette vision fâcheuse ! Le bien-aimé, désormais exécré, fut chassé ; elle ne le revit jamais et jura de rester fille.

Elle tint son serment, la pauvre tante Mion, et sacrifia toute sa vie à cette minute de désenchantement.

Qui sait ce que cachait cette bonne humeur, et cette gaieté exubérante, qui me réjouissait tant aujourd'hui et combien de longues, de douloureuses années de regrets et de renoncements avaient trempé cette âme, encore romanesque et naïve ?

Son entrain mit beaucoup de mouvement dans la maison ; mon père vint plusieurs fois à Montrouge, pour voir sa tante ; il y eut des dîners, où le demi-cercle de la grande table couleur de marron d'Inde, en face de la muraille, était occupé tout entier.

Dès le premier jour, la tante d'Avignon m'avait prise en grande affection et elle me gâtait, comme il faut gâter, sans restriction. J'avais vite reconnu cette façon d'aimer, de laquelle j'étais déshabituée, depuis que j'avais quitté « la Chérie ». Cette tendre faiblesse qui excuse tout, se fait complice plutôt que de punir et qui, sur les natures violentes, mais point mauvaises, a souvent de meilleurs effets que la sévérité et les sévices.

Sans doute, me sentant soutenue, j'étais plus diabolique qu'à l'ordinaire ; car elle dut faire lever bien des punitions. Quand elle n'y parvenait pas, et qu'exilée dans la chambre aux légumes, j'étais privée de dessert, elle venait me retrouver, en m'apportant le sien.

— Je ne peux pas voir ça, disait-elle, mon frère a toujours été un tyran… pauvre petite bagasse, tu devrais t'en venir avec moi à Avignon…

Le mois passa trop vite. Vers les derniers jours, tante Mion, avec l'une ou l'autre de ses nièces, fit beaucoup de courses dans Paris, pour des emplettes. Elle était fort coquette, avait toujours de jolies guimpes brodées et des collerettes tuyautées, et elle tenait à se mettre tout à fait à la mode pour rentrer dans sa ville natale. Elle revint, une fois, avec un énorme carton à chapeau, l'air très satisfait, tandis que Zoé, qui l'avait accompagnée, semblait au contraire très perplexe et se grattait le coin du sourcil.

Lili fut convoquée, pour admirer les nouveaux achats et donner son avis.

— Tu verras quel superbe chapeau et comme je suis fière là-dessous, disait tante Mion.

Moi aussi je voulais voir et j'étais là, naturellement.

On ouvrit le carton et on en tira une fraîche et délicieuse capote en satin rose !…

— Hein ! elle est jolie ?…

Judith Gautier

Et l'empoignant de ses longs doigts hâlés, tante Mion se la campa sur la tête, en se faisant des mines dans la glace. Lili et Zoé échangeaient des regards effarés et se retenaient à grand-peine de pouffer de rire. Elles essayèrent quelques objections : c'était bien fragile, bien voyant, peut-être un peu trop jeune tout de même, et puis cette couleur rose n'allait pas à tout le monde… Mais tante Mion ne voulait pas se rendre.

– Vous autres Parisiens, vous avez des idées toutes faites, disait-elle, ce n'est pas comme chez nous : je suis sûre qu'à Avignon ça plairait…

Tout à coup elle me chercha des yeux.

— Tiens ! c'est la mignonne qui va décider, s'écria-t-elle, allons, dis-le franchement comment me trouves-tu ?

Je n'avais pas envie de rire, tant j'étais stupéfiée par ce que je voyais : cette vieille figure bistrée, dans le rose tendre du satin semblait tout à fait noire, et il y avait de quoi faire peur.

Je n'hésitai pas à prononcer l'arrêt :

— Tante Mion, dis-je, tu as l'air de la femme du diable !…

Elle éclata de rire et m'embrassa, puis envoya la capote au fond du carton.

Bientôt, on refit la malle et les paquets, considérablement augmentés ; le gros chat tigré fut replacé dans son panier, la bonne tante d'Avignon s'en alla, comme elle était venue, et jamais plus je ne la revis.

Elle vécut longtemps, cependant, et dans ma mémoire ne s'effaça pas. Toutes les fois, qu'avec des camarades je chantais, en tournant, la ronde bien connue :

Sur le pont d'Avignon
On y danse, on y danse,
Sur le pont d'Avignon
On y danse tout en rond…

Je m'arrêtais, attristée subitement, et je me demandais si l'on pouvait apercevoir la maison de la tante Mion, de ce pont d'Avignon, sur lequel on dansait.

Chapitre XXVIII

Chapitre XXIX

D'où la coquetterie m'était-elle venue ? Elle ne s'accordait guère avec mes allures de gamine et je me souviens très peu de m'être préoccupée de ma toilette, sauf dans le cas où quelque déchirure terrible me faisait prévoir une redoutable semonce.

Cependant, un certain matin de Pâques, dans une tenue mirobolante et très infatuée de ma splendeur, je sortis de la maison, pour aller à la grand'messe. J'étais seule, les tantes n'avaient pas pu me tenir plus longtemps, et, comme elles n'étaient pas prêtes, elles me laissaient aller en avant en me recommandant de ne pas marcher trop vite.

J'avais un jupon garni de broderie anglaise, une robe de soie bleu ciel à plusieurs volants, les cheveux tournés en boucles, des bas à jours et des petits souliers couleur de hanneton.

Mais plus que tout cela, ce qui me rendait si fière, c'est que, pour la première fois, j'avais une ombrelle. Peut-être, quelque atavisme oriental me faisait deviner la majesté symbolique du parasol, puisque ce petit dôme de soie, abritant ma tête, me donnait tant d'orgueil. Il faisait un soleil radieux et je marchais sur la route, en me dandinant, évitant l'ombre des verdures neuves, pour mieux jouir de mon ombrelle.

Des personnes venaient derrière moi, et très certainement m'admiraient. — Qu'auraient-elles pu faire de mieux ?... — car elles chuchotaient entre elles.

Cependant quelque chose m'inquiétait, et me faisait regretter ma trop grande hâte à m'échapper d'entre les mains des tantes. On avait oublié mes jarretières !... Peu à peu les bas à jours glissaient ; je les sentais mollir, s'affaisser, me chatouiller déjà les genoux. Ces inconnus, qui me suivaient, n'allaient pas s'apercevoir de cela, je l'espérais bien, le reste de ma toilette avait de quoi distraire l'attention, la détourner de ce fâcheux détail.

Je fus brusquement détrompée par une remarque, exprimée à haute voix, et qui me fit froid dans l'estomac.

— Quel dommage qu'une petite fille, aussi coquettement habillée, ait des bas aussi mal tirés !

Judith Gautier

Je reçus le coup sans broncher, sans me retourner, continuant à marcher, comme parfaitement étrangère à ce qui motivait cette observation, mais profondément mortifiée. De pas en pas, le désastre s'aggravait, j'avais beau raidir mes mollets, la spirale s'affaissait progressivement et je sentais l'air souffler sur ma peau nue. Pour rien au monde je ne me serais arrêtée, pour remonter mes bas, il me semblait qu'il eût été déshonorant d'avoir l'air de m'apercevoir qu'ils tombaient et d'entendre les remarques, de plus en plus narquoises et piquantes.

Ces mauvaises personnes me dépassèrent pour me voir en face et jouir de ma confusion ; je me cachais à temps derrière mon ombrelle, et, tournant les talons, je me mis à courir vers la maison, où je repris mes jarretières.

Mais en ressortant, je n'étais plus aussi pimpante ; l'humiliation avait abattu l'orgueil, et je pus, dès ce jour-là, juger de la vanité des joies humaines.

Chapitre XXX

Les tantes qui n'aimaient pas beaucoup à sortir, profitaient de mon perpétuel vagabondage, pour me faire faire des commissions, que j'exécutais toujours exactement. Les plus fréquentes me dirigeaient vers une petite charcuterie, établie dans une baraque de bois, près des fortifications. C'était, en général, pour l'achat de quelque plat spécial, destiné aux chats, quand le mou avait manqué.

Je m'y rendis, une fois, de très grand matin et je fus très surprise d'apercevoir un bel équipage, arrêté auprès du massif des fortifications. Le cocher, descendu de son siège, se dissimulait à l'angle du mur pour regarder dans le fossé. Que se passait-il donc dans le fossé ?...

Dépassant la cahute du charcutier, où les guirlandes de saucisses n'étaient pas encore accrochées, je m'avançai tout doucement dans l'herbe trempée de rosée, jusqu'à l'extrême bord. Je vis beaucoup de monde au fond du fossé, huit ou dix personnes et des personnes qui, certes, n'étaient pas de Montrouge. Les épaulettes d'or et le pantalon rouge d'un officier attiraient les regards tout d'abord, au milieu du costume sévère des autres. Qu'est-ce que ces gens pouvaient bien faire là à une pareille heure ?... Quelques-uns marchaient et semblaient prendre des mesures. Je m'imaginais qu'ils cherchaient un trésor et allaient creuser un trou ; mais ce ne fut pas cela : des sabres brillèrent, l'officier ôta sa tunique, un des hommes apparut en manches de chemise et le duel s'engagea. J'y assistai sans savoir ce qu'était un duel ; un peu enrayée par le cliquetis des lames, mais très intéressée et revenant toujours, quand j'avais fait un pas en arrière, pour m'enfuir.

Tout à coup les sabres cessèrent de se choquer ; une tache rouge apparut sur la chemise blanche de l'un des hommes qui tomba sur un genou. Je crus qu'on allait le tuer, qu'il demandait grâce, et je m'enfuis en courant, cette fois, pour ne pas voir.

Un autre jour, je revenais par ce même chemin, en tenant dans mes bras ma grande poupée, quand un monsieur grisonnant, qui marchait dans le même sens que moi, ou me suivait peut-être, se mit à me parler. Il me fit toutes sortes de questions, puis me demanda si j'aimais les bonbons : « Oh ! oui, ceux en chocolat surtout ». Justement il y avait chez lui énormément de chocolat, je n'avais qu'à venir avec lui, il m'en donnerait tant que je voudrais. « Où ? chez lui », tout près, à deux pas. Mais je connaissais les rares maisons, et ce monsieur n'était certainement pas de nos voisins.

On m'avait raconté une aventure, arrivée à Rodolpho, qui m'avait beaucoup impressionnée. Très joli enfant, avec ses grands yeux bleus et ses longues boucles blondes, il avait été volé par des saltimbanques, et retrouvé, seulement, après plusieurs jours de recherches éperdues.

— Si la police n'avait pas découvert les voleurs, à cette heure-ci, Rodolpho danserait sur la corde raide, et ses parents ne l'auraient jamais revu », disait tante Lili.

Je regardais le monsieur en dessous : je n'étais pas dupe de sa tenue correcte ni de sa chaîne d'or : c'était certainement un saltimbanque déguisé, et j'avais le sentiment que je courais un sérieux danger. Il m'avait pris la main et essayait de me tirer en arrière. La route de Châtillon était déserte, le crépuscule tombait, il aurait très bien pu m'empoigner de force et m'emporter. Je jugeais prudent de ne pas le brusquer.

— Je veux bien venir chercher les bonbons, lui-dis-je, mais

d'abord il faut que faille coucher ma grande poupée.

Il fallait l'emmener avec moi, il lui donnerait un lit bien plus beau que celui qu'elle avait et je n'aurais qu'à choisir parmi tous les joujoux du monde.

— Non, non, je ne la sors jamais le soir, elle pourrait s'enrhumer.

Je marchais toujours, et c'était moi qui le tirais, car il ne lâchait pas ma main. Nous n'étions plus très loin de la maison. Tout à coup j'aperçus le père Rigolet descendant les marches du seuil.

— Tenez, je reviens tout de suite, je vais donner ma poupée à ce vieux-là, qui est mon ami…

D'une brusque secousse, je dégageai ma main et je me mis à courir, en criant :

— Père Rigolet ! Père Rigolet !…

Je savais bien qu'il ne pouvait pas m'entendre, le pauvre canonnier ; mais le saltimbanque, qui m'avait fait si peur, ne savait pas, lui… En effet, il s'arrêta net, et quand, arrivé à la porte, je me retournai, je vis qu'il avait traversé la chaussée.

Les tantes, qui d'ordinaire ne prêtaient pas grande attention à mes histoires, parurent terrifiées de celle-là. Elles me défendirent d'en parler à grand-père, tout en me félicitant de ma présence d'esprit.

Je fus sensible au compliment et il me donna une certaine confiance en moi-même, qui me servit, dans une autre circonstance.

Ce qui n'arrivait presque jamais, les tantes étaient sorties, toutes les deux, avec le grand-père, pour une longue course dans Paris. J'étais seule, avec Nini, dans l'appartement ; on m'avait fait promettre de ne pas sortir, même dans le jardin, et je tenais toujours mes promesses.

La porte de la rue était ouverte. Quelqu'un monta l'escalier et sonna. C'était un personnage qui se donna pour un horloger, que l'on envoyait, disait-il, chercher les pendules, afin de les réparer.

Bien qu'il fût habillé comme un monsieur et tînt poliment son chapeau à la main, j'eus tout de suite l'idée que c'était un voleur. Nullement intimidée, je le regardais fixement en me tenant bien au milieu de la porte, pour l'empêcher d'entrer.

— Avez-vous une lettre ?…

Chapitre XXX

Non, il n'avait pas de lettre, on l'envoyait tout simplement, il n'y avait pas besoin de tant de façons…

— Moi, on ne m'a pas dit qu'on viendrait chercher les pendules, je ne les laisserai pas emporter.

Le monsieur haussait le ton : il venait de Paris, tout exprès, il n'allait pas s'être dérangé pour rien !

Nini, très effrayée, me tirait par ma robe. Mais j'étais au bord du palier j'entendais, en bas, Florine chantonner, tout en repassant, je demeurais parfaitement intrépide.

— Si vous voulez, monsieur l'horloger, les arranger sur place, je vais appeler des grandes personnes, pour vous tenir compagnie.

Sans doute, il s'aperçut, alors, qu'il y avait du monde en bas, car il n'insista plus.

— Je n'ai pas mes outils sur moi, dit-il, je reviendrai plus tard.

Et il déguerpit, tandis que je criais bien fort, à Florine, de fermer la porte à double tour.

Naturellement, on n'avait envoyé aucun horloger et l'on fut très stupéfait de cette bizarre aventure. Florine avait vu le monsieur s'en aller, je n'inventais donc rien et les pendules l'échappaient belle.

Ma conduite fut déclarée héroïque et digne de louanges. Grand-père m'allongea même, pour ce beau fait, une aimable pièce de dix sous, qui, dès le lendemain, naturellement, fut muée en autant de poupées à ressorts.

Chapitre XXXI

Après ces étranges histoires, on jugea prudent, pour m'empêcher de vagabonder, de me mettre, pendant la journée, dans une pension de Montrouge. L'institution de Mlle Lavenue parut tout à fait convenable. Il n'y avait d'ailleurs pas de choix ; Mlle Lavenue régnait seule au Grand-Montrouge.

Son établissement était situé tout à fait à l'opposé de la route de Châtillon, presque en face de l'église ; et pour être bien sûr que je m'y rendais, on me faisait conduire par une bonne femme, presque centenaire, qui s'appelait Catherine et ressemblait à une vieille pomme toute ratatinée. Elle était proprette, vaillante encore, un peu en enfance et s'efforçait de gagner quelques sous en rendant de légers services ; mais sa préoccupation principale était de recueillir, sur les routes, les souillures qu'y laissaient les chevaux. Elle portait toujours, àcette intention, un panier, une pelle et un petit balai. Sans doute elle trouvait là une source de profits sérieux, car rien ne la détournait de ce devoir.

J'avais vite fait, moi, de lui échapper et de filer, tandis qu'elle s'absorbait dans ce grave travail ; mais, pour ne pas la faire gronder, je la rattrapais, avant d'arriver au pensionnat, et elle avait l'air de me conduire…

Grand-père était parvenu à m'apprendre un peu d'écriture ; avec la lecture, cela suffisait pour mes six ans et on ne cherchait guère à me pousser plus loin. Ce n'était donc pas pour me livrer à de studieuses études, que je devenais une des externes, du pensionnat Lavenue. Je ne faisais que traverser la classe. Après une page d'écriture, une fable récitée et un peu de lecture, on me laissait libre, dans la grande cour, où une fontaine, devant laquelle une grande auge de pierre s'emplissait d'eau, m'intéressait beaucoup, et dans le jardin profond, où, toute seule, je m'enfonçais lentement, pour avoir un peu peur.

Les voix ânonnantes des élèves, dont je distinguais, de la cour, toutes les paroles, s'atténuaient, puis n'étaient plus qu'un bourdonnement, à mesure que je m'éloignais sous les vieux arbres, dans la pénombre des massifs.

Dès que je ne voyais plus la maison et que j'étais enveloppée de cette solitude et de ce silence, je m'immobilisais dans des rêveries singulières : la petite personne intérieure, qui ne communiquait jamais ses idées, commençait à divaguer.

Je n'avais jamais dit — à qui l'aurais-je dit d'ailleurs ? — l'impression intense que me produisait cette partie du vieux Montrouge, où je venais rarement, avant mon entrée chez Mlle Lavenue. Il me semblait, confusément, que tout un monde invisible devait habiter dans cette atmosphère ; ceux pour qui avaient été construits ces grands murs sombres, clôturant de mystérieux jardins et ces demeures hautaines, qui, certes, n'étaient pas faites pour les êtres qui y logeaient à présent.

Chapitre XXXI

Je regardais les tournants des allées, m'attendant à voir s'avancer quelque personnage du passé, qui ne devait plus craindre de se montrer, puisqu'il n'y avait que moi. Je croyais entendre des chuchottements, des froissements d'habits et j'étais profondément intéressée, par je ne sais quoi que les choses semblaient me raconter. On eût dit que l'air avait été comme aimanté, par toutes les pensées qui avaient bouillonné dans cet espace, et qu'il en gardait un fluide subtil, dont le magnétisme était perceptible peut-être à la sensibilité toute neuve d'un cerveau d'enfant.

C'est là, sans doute, un phénomène inconnu encore ; mais il est certain que je subissais une influence incompréhensible. J'avais l'idée très nette d'une foule ; une foule triste, ne s'occupant que de choses graves, un peu effrayantes, mais que j'aurais voulu connaître. Cependant, je n'en parlais jamais ; il me semblait qu'il y avait là un secret et que, si je le trahissais, toutes ces impressions s'évanouiraient. Beaucoup plus tard, quand il me fut permis de lire la nouvelle de mon père intitulée : *La morte amoureuse*, toujours, à ce passage où le jeune prêtre, que l'on vient d'ordonner, retournant au séminaire, reçoit furtivement le billet de Clarimonde, toujours je voyais la scène se passer à un certain angle d'une vieille muraille de Montrouge. Je m'arrêtais net à ces lignes, surprise par cette bizarrerie inexplicable, car il n'y avait pas de séminaire à Montrouge, et l'aventure se passe en Italie.

Ces jour-ci seulement, en retrouvant ces souvenirs, j'ai voulu me renseigner un peu sur l'histoire de ce Montrouge, que je croyais dénué d'histoire, et j'ai appris, avec un vif étonnement, que des Bénédictins, venus d'Italie, s'y étaient installés en 1827, et que, avant eux, pendant plus d'un siècle, les jésuites avaient eu là un des centres les plus importants de leur ordre et une école fameuse ; qu'ils étaient revenus, après l'expulsion, et avaient fondé un séminaire renommé, dont ils furent chassés, définitivement, en 1830.

Que de pensées, en effet, avaient saturé cet air ! Que de volontés inflexibles ! de luttes secrètes, dans des âmes douloureusement domptées !…

L'impression, pour moi, commençait vers le milieu de la Grande-Rue, avant de déboucher sur l'avenue, plantée de vieux arbres,

Judith Gautier

qui passe devant l'église et aboutissait au parc de Montrouge… Je traînais toujours en arrière, m'attardant à regarder, je ne sais quoi. Dans l'avenue même, le sentiment se modifiait. J'avais l'idée de quelque chose de brillant et de joyeux et tout mon désir se tendait vers le parc. Il m'inspirait, lui, un attendrissement sentimental des plus étranges ; mais en cela j'étais influencée par des bribes d'une romance que les tantes fredonnaient :

Au fond du parc, un inconnu
Vint un instant charmer mes yeux.

Hélas ! il a fui comme une ombre
En me disant je reviendrai !

L'idée qu'elle l'attendait toujours et qu'il n'était pas revenu, m'emplissait de chagrin, et je m'arrêtais, avec un gros soupir, devant l'immense prairie, qui s'étendait devant les bois touffus de ce parc… C'était peut-être aujourd'hui qu'il allait reparaître, là-bas, tout au fond, dans la verdure. Mais celle qui l'attendait ? où était-elle ?… Ce n'était bien sûr pas tante Zoé…

Renseignements pris, la romance faisait partie d'un opéra, joué quelque dix ans auparavant : *Guido e Ginevra* ; les tantes, par manque de mémoire, falsifiaient le texte : il n'y a pas de parc et l'inconnu est une inconnue ; mais rien ne changera pour moi le sens de cette mélodie, qui m'attendrit encore aujourd'hui, et dont le souvenir reste à jamais lié à celui du parc de Montrouge.

Chapitre XXXII

Une solennité se préparait, dont je ne me doutais guère, et cependant j'en étais une des héroïnes : on allait, ma sœur et moi, nous baptiser… Pourquoi si tard ? Ce n'était certes pas à cause d'opinions antireligieuses, aussi peu vraisemblables dans la famille italienne et pieuse de ma mère, que dans la famille Gautier, ardemment légitimiste et fidèle autant à l'autel qu'au trône. Peut-être était-ce simplement un oubli ; l'on n'avait pas trouvé le temps ; ou bien pour choisir des parrains et des marraines dignes de cette haute mission, ne s'était-on pas pressé.

Une des tantes me conduisit donc, un beau jour, rue Rougemont, et m'y laissa.

Quelque chose m'occupa tout de suite, ce fut la découverte que je fis de ma sœur, Estelle. On ne m'avait jamais parlé d'elle, pas plus qu'on ne me parlait de ma mère, et je ne savais pas que j'avais une sœur. Elle ne s'en doutait probablement pas plus que moi et me regardait d'un air extrêmement surpris. Elle était pâlotte, avec des yeux noirs à longs cils et un petit toupet de cheveux noué par un ruban.

La connaissance fut vite faite, et ma sœur, me tenant par la main, me fit visiter l'appartement.

Je le connaissais d'ailleurs. Je n'avais pas oublié l'antichambre noire où j'avais tant pleuré, ni la salle à manger au plafond bas, dans laquelle avait eu lieu ma première entrevue avec mon père, ni le salon, ni les grosses roses de son tapis, rouges sur rouge. Je regardais la cheminée, où brillaient des cuivres, et je me souvins d'une visite d'hiver avec « la Chérie » pendant laquelle trépignant et criant, j'avais voulu à toute force m'asseoir dans le feu.

Le balcon si étroit, me parut affreux, et j'avais le vertige de voir les pavés en bas à une telle distance. Mais ma sœur m'indiqua une manière de courir tout le long en sautillant et je voulus bien condescendre à cette galopade restreinte.

On nous rappela à l'intérieur, pour essayer des robes blanches, que la couturière venait d'apporter. Il y avait des broderies, des jours, des rubans ; cela me parut très joli.

Ma mère était là, en grande toilette, assise dans un fauteuil bas, elle nous faisait tourner, à droite, à gauche, pour voir l'effet et riait de nos mines satisfaites. Mon père, debout, regardait à travers son monocle.

Mais ils s'en allèrent, ensemble, dîner en ville, et on nous laissa seules, avec deux jeunes bonnes.

Deux folles, qui se mirent danser et à chanter, dans la joie d'être délivrées des maîtres pour toute une soirée, et firent sauter ma sœur d'une façon désordonnée, à laquelle elle semblait accoutumée, car elle ne réclama pas.

Judith Gautier

Notre petit dîner nous amusa beaucoup. Seules dans la salle à manger et servies comme des grandes personnes. Mais quand ce fut fini, les bonnes s'emparèrent encore de ma sœur, pour la secouer et la tirailler d'une façon extraordinaire, puis l'une d'elles l'enleva de terre et la posa sur le rebord de la fenêtre de la salle à manger, tandis que l'autre courait à la fenêtre de la cuisine.

Elles avaient imaginé un jeu, dont la vue me terrifia. Il consistait à faire marcher l'enfant sur la saillie du mur, le long de la gouttière, et à la faire passer ainsi, en dehors, de la salle à manger à la cuisine. Une des bonnes la tenait tant que ses bras le permettaient, puis la lâchait et il y avait au moins deux mètres à parcourir avant que l'autre pût la rattraper. Ma sœur subissait cet exercice d'un air très grave, mais sans marquer de déplaisir. L'idée de ces cinq étages, du danger de cette chute horrible sur les pavés de la cour, me donna presque une crise de nerfs. Mes cris amusaient ces deux stupides filles, qui continuaient de plus belle. Cependant la menace de raconter à nos parents, quand ils reviendraient, ce qu'elles faisaient en leur absence, les arrêta net. Elles m'entreprirent, alors, pour me faire promettre de ne rien dire, et jurèrent de ne plus jamais jouer à ce jeu.

Quelques instants plus tard, n'y pensant déjà plus, nous étions installées, ma sœur et moi, dans une autre chambre, donnant sur le balcon, assises par terre, près de la porte-fenêtre, et absorbées, sans doute, par quelque jeu intéressant.

Il faisait nuit ; les bonnes cousaient auprès d'une lampe. À un moment, on trouva qu'on sentait un peu le froid et qu'il fallait fermer la fenêtre. Avec ma turbulence ordinaire, je m'élançai pour la pousser et j'appuyai, de toute ma force, mes deux mains contre la vitre. Avec un grand fracas la vitre se cassa et je passai au travers.

On me releva couverte de sang. J'avais au bras une entaille profonde, devant laquelle les bonnes s'affolèrent. Selon mon habitude je ne criais pas, je ne souffrais d'ailleurs nullement, je riais même, devant la drôle de grimace que faisait la petite figure pâlotte de ma sœur, prête de pleurer. Je lui fis remarquer comme c'était amusant, au contraire, cette petite fontaine rouge qui jaillissait.

Une des bonnes se souvint que les toiles d'araignées arrêtaient le sang et s'en alla fureter dans les coins sales, qu'elle connaissait, certainement mieux que personne. Elle revint avec toutes sortes de détritus poussiéreux dont elle tamponna la coupure qu'elle comprima ensuite avec une serviette repliée. Mais rapidement la serviette devenait rouge et la soirée parut longue, avant la rentrée des maîtres.

Mon père ressortit tout de suite, pour aller réveiller le docteur Aussandon et le ramener en voiture ; tandis que ma mère, en grondant l'absurde bonne, nettoyait la blessure, de toutes les saletés qui y étaient accumulées.

Il s'en fallait de l'épaisseur d'un cheveu qu'une artère ne fût coupée… Une veine de la saignée était tranchée et le pansement fut long. Je tombais de sommeil et je m'endormis sans en voir la fin.

Le lendemain, pendant qu'on m'habillait pour le baptême, la blessure se rouvrit et envoya un jet de sang sur la robe blanche. Il fallut, en toute hâte, effacer ce baptême sanglant et sécher la robe avec des fers chauds.

Bientôt les invités arrivèrent et on me présenta à mon parrain, Maxime du Camp. Je n'avais pas encore lu le *Faust* de Gœthe, sans cela il est certain que je l'aurais pris pour Méphisto : grand, très maigre, le teint brun, les traits fins, la mince barbe effilée en pointe, il avait le regard aigu, la bouche narquoise et dédaigneuse, Il fut charmant pour sa, filleule et s'apitoya beaucoup sur ce bras, que l'on était en train de serrer dans une bande de taffetas noir.

Le parrain de ma sœur était Louis de Cormenin. Quoique de stature assez semblable, il était très différent de Maxime du Camp. Mon père a tracé son portrait « Grand, mince, sa tête avait une physionomie arabe qu'il se plaisait à faire remarquer et ressortir parfois, en l'encapuchonnant d'un burnous en temps de bal masqué. Il avait le nez légèrement aquilin, les lèvres fortes et des yeux vert de mer d'une couleur étrange et charmante ; une barbe brune assez fournie encadrait son visage, dont la bonté était éveillée par une ironie spirituelle. »

Je n'ai gardé qu'un souvenir assez confus, des commères en grande toilette, qui causaient et riaient avec leurs compères. D'ailleurs, ma vraie marraine n'était pas là, elle était représentée seulement par une remplaçante provisoire. La gloire, les triomphes nouveaux, la retenaient en de lointains pays ; mais il était bien entendu que je ne

Judith Gautier

pouvais pas avoir d'autre marraine qu'Elle : l'Étoile, la fée, la diva, Giselle, enfin ! que le monde entier acclamait. Carlotta Grisi était ma tante ; mais cela ne suffisait pas, une marraine est bien mieux située pour transmettre des dons... Si elle pouvait me donner de danser comme elle !...

Ma mère gardait une foi superstitieuse en sa sœur, qui avait été comme le bon génie de la famille, et, dès l'âge de neuf ans, par son talent précoce, l'avait aidée à sortir de situations difficiles.

Pour mon père, qui, aux débuts à Paris de la jeune danseuse, avait composé pour elle le fameux ballet de Giselle, considéré aujourd'hui encore, comme le ballet idéal, elle représentait un premier et magnifique succès au théâtre, avec toutes ses conséquences flatteuses ; sans compter l'aisance accrue, par lui, au point de permettre voitures et chevaux ; splendeurs fragiles, d'ailleurs, qui s'étaient écroulées au souffle rude de la Révolution de 48, mais dont le souvenir demeurait lumineux et devenait de plus en plus aigu et poignant, dans les jours mauvais, et à mesure que le temps épaississait le voile des regrets. Carlotta, c'était toujours Giselle, et l'ivresse ancienne des succès, liés aux triomphes de la Wili, s'évoquait à ce seul nom et ne finissait pas. Mon père a fait d'elle bien des portraits, tant avec sa plume qu'avec ses crayons et ses pinceaux :

« Carlotta, malgré sa naissance et son nom italiens, est blonde ou du moins châtain clair, elle a les yeux bleus, d'une limpidité et d'une douceur extrêmes. Sa bouche est petite, mignarde, enfantine, et presque toujours égayée d'un frais sourire. Son teint est d'une délicatesse et d'une fraîcheur bien rares : on dirait une rose thé qui vient de s'ouvrir... »

C'est ainsi qu'elle est dans la vie réelle ; mais lorsqu'il la voit au théâtre, dans l'éblouissement des lumières, incarnant les types rêvés, il prend la lyre pour la chanter :

« Comme elle vole, comme elle s'élève, comme elle plane ! Qu'elle est à son aise en l'air ! Lorsque de temps à autre, le bout de son pied vient effleurer la terre, on voit bien que c'est par pure complaisance, et pour ne pas trop désespérer ceux qui n'ont pas d'ailes. Elle est la danseuse aérienne que le poète voit descendre et monter l'escalier de cristal de la mélodie dans une vapeur de lumière sonore ! Elle

Chapitre XXXII

parvient sans vaciller jusqu'à la dernière marche de cette échelle de filigrane d'argent que le musicien lui dresse, comme pour mettre au défi sa légèreté, et le public émerveillé l'applaudit avec furie lorsqu'elle redescend. »

Et ailleurs, à propos du ballet de *La Péri*, composé par lui, qui avait été aussi un éclatant succès :

« Quelque charme que puissent offrir les péris orientales avec leurs pantalons rayés d'or, leurs corsets de pierreries, leurs ailes de perroquet, leurs mains peintes en rouge et leurs paupières teintes en noir, je doute qu'elles dansent aussi bien... Le pas du songe a été pour elle un véritable triomphe ; lorsqu'elle paraît dans cette auréole lumineuse avec son sourire d'enfant, son œil étonné et ravi, ses poses d'oiseau qui tâche de prendre terre et que ses ailes emportent malgré lui, des bravos unanimes éclatent dans tous les coins de la salle. Quelle danse merveilleuse ! Je voudrais y voir les péris et les fées véritables ! Comme elle rase le sol sans le toucher ! On dirait une feuille de rose que la brise promène : et pourtant, quels nerfs d'acier dans cette frêle jambe, queues force dans ce pied, petit à rendre jalouse la Sévillane la mieux chaussée ; comme elle retombe sur le bout de ce mince orteil ainsi qu'une flèche sur sa pointe !... Il y a dans ce pas un certain saut qui sera bientôt aussi célèbre que le saut du Niagara. Le public l'attend avec une curiosité pleine de frémissement. Au moment où la vision va unir, la Péri se laisse tomber du haut d'un nuage, dans les bras de son amant ; cet élan si périlleux forme un groupe plein de grâce et de charme... »

Mais la Péri, qui courait le monde, n'était pas au baptême de sa filleule. En sa qualité de fée, elle y assistait, sans doute, invisible...

La cérémonie eut lieu dans l'église Bonne-Nouvelle, que la Commune a brûlée, avec les registres où était consigné ce fait mémorable. Dans la nef vide, nous formions un groupe brillant, devant le maître-autel. Comme nous étions très petites, ma sœur et moi, on nous avait mises debout sur des chaises, en nous recommandant de répondre « oui » à tout ce que demanderait le prêtre. Je crus devoir ajouter une réflexion sur la qualité du sel, que l'on me mit sur la langue, et dont je voulais bien encore un peu.

Ni le grand-père ni les tantes n'assistaient à cette petite fête : l'une d'elles vint me chercher, le lendemain, et je m'en retournai à

Judith Gautier

Montrouge, en emportant ma belle robe blanche, et en croquant, moi-même, les dragées de mon baptême.

Chapitre XXXIII

La fée, la diva, qui irradiait dans un frémissement de paillettes et de lumière, la marraine, que je n'avais pas vue encore et qui devait me combler de dons merveilleux, s'avisa tout à coup de s'occuper de moi ; et la façon dont elle manifesta sa sollicitude, ne fut pas du tout ce qu'on aurait pu imaginer.

Ma vie libre au grand air, mes allures de gamin, grimpant aux arbres et courant les rues, ne pouvaient vraiment pas convenir à la nièce-filleule d'une personne aussi hautement importante qu'une danseuse de l'Opéra… Si on voulait qu'elle s'intéressât à moi et me couvrît de sa protection, il fallait changer tout cela, au plus vite.

Ce qui était de tous points convenable, pour une demoiselle comme il faut, c'était d'entrer dans un couvent, afin d'y être élevée et instruite selon les règles.

Ce projet ne devait certainement pas plaire à mon père, mais il dut céder à ma mère, qui n'admettait pas que l'on pût faire de sérieuses objections aux décisions de sa sœur.

Cette fois, je fus prise en traître. Rien ne me fit pressentir ce qui allait m'arriver, rien, si ce n'est un peu de tristesse autour de moi, quelques phrases énigmatiques et menaçantes des tantes, et une indulgence complète. Si je m'étonnais de ne plus aller chez Mlle Lavenue, tante Lili me répondait, entre ses dents :

— Jouis de ton reste.

Ce fut tante Zoé qui m'emmena, un jour d'automne. Comme nous n'emportions aucun paquet, je pus croire à une promenade. En route, elle m'expliqua, confusément, que j'allais voir des personnes que je ne connaissais pas encore mais qui étaient de mon autre famille, l'étrangère, celle d'Italie.

— Ils auront beau faire, tu es bien une Gautier, disait-elle, nous verrons s'ils réussissent à t'attirer de leur côté. En attendant, ils te prennent de force.

Entre les parents de mon père, bourgeois sévères et conservateurs, et la famille de ma mère, composée surtout d'artistes dramatiques, à la gloire tapageuse, il ne pouvait guère exister de sympathie ; il régnait même, il faut l'avouer, parmi les femmes, une franche aversion, qui ne s'est d'ailleurs jamais démentie.

Au bout de notre course, le Panthéon apparut. Il me sembla colossal, et, pour le voir plus longtemps, je marchais presque à reculons, tandis que la tante me tirait par la main, en contournant la place, afin de gagner la petite rue étroite et grimpante de la Montagne-Sainte-Geneviève.

De vieux bâtiments gris et laids, une porte cintrée, d'un vert sombre, percée d'un judas : c'était là.

Une chaîne pendait terminée par une poignée ; en la tirant on éveilla un son, tout proche, de cloche fêlée. Le judas glissa d'abord, sans qu'il fût possible de voir qui nous regardait, puis une petite porte, après des grincements de verroux et de clés, s'entr'ouvrit dans la grande, et une jeune religieuse en voile blanc, toute souriante, nous dit bonjour et nous pria d'entrer.

— Je ne veux pas entrer ! criai-je en tirant tante Zoé en arrière.

Mais elle me retint et me poussa devant elle.

— Tu ne veux pas !… et les gendarmes ?… dit-elle. On ne fait pas ce que l'on veut dans la vie.

La porte s'était refermée sur nous, sans bruit, et il me sembla être entrée dans un souterrain. Nous nous trouvions dans un espace étroit, pavé, mais surplombé par un plafond et aboutissant à une autre porte massive, jalousement fermée et qui ne devait pas s'ouvrir souvent, car la poussière amassée en calfeutrait les rainures. À droite, près de cette porte, s'arrondissait une sorte de tourelle en chêne, dont je ne compris pas la fonction ; à gauche, le long du mur de la rue, s'ouvrait un couloir, et c'est de ce côté que la sœur nous guida. Ce couloir desservait une suite de cellules, dont chaque porte était marquée d'un numéro. L'une d'elles, entr'ouverte, laissait échapper un bruit de voix nombreuses. Trois dames, assises, emplissaient l'étroit espace, où on nous introduisit, des plis soyeux de leurs robes. Le fond de la cellule était fermé, de hauteur d'appui jusqu'au plafond par une grille de bois noir, formant de petits carrés, derrière laquelle s'agitait une ombre voilée.

Mais les trois dames s'emparèrent de moi, parlant toutes à la fois,

Judith Gautier

en italien, avec des voix très sonores ; et je les regardai d'un air passablement ahuri.

L'une des inconnues me fit l'effet d'un personnage des contes de fées, la reine des : *Il y avait une fois…*, ou la marraine qui change les citrouilles en carrosses, et les rats en laquais poudrés. Elle était grande, très forte, très majestueuse, très colorée, dans une toilette éclatante, couverte de dentelles blanches et de bijoux, avec des plumes extraordinaires à son chapeau. C'était une noble dame espagnole, la marquise de Guadalcazar, et je sus plus tard que la sombre religieuse, confusément aperçue, était la fille de cette somptueuse personne.

La seconde dame, d'un certain âge, richement vêtue, petite, trapue, l'air rébarbatif et grognon, m'inspira au premier coup d'œil une profonde antipathie : c'était ma grand'mère maternelle.

Giselle était là aussi, la plus effacée de ces trois dames, la moins voyante, dans son élégance sobre et discrète, aussi, je la remarquai peu, fascinée et absourdie que j'étais par la marquise, dont les rires et les discours tumultueux, dominaient tout.

Tante Zoé n'avait pas voulu s'asseoir ; gênée et hostile, à la fois, elle restait droite, dans sa mince robe noire, les lèvres serrées, se tenant à distance, et tenant à distance ce groupe mondain, qui, confusément, choquait ses principes et ses idées étroites de bourgeoise, tout en lui paraissant peut-être, enviable. Humiliée d'être venue, chagrinée aussi d'être contrainte de m'abandonner à d'autres, elle protestait, par son attitude et son désir de ne pas s'attarder, une fois sa mission remplie.

— Voici la jeune personne, dit-elle, quand elle put se faire entendre, je la remets entre vos mains, et je m'en retourne.

— Pas sans moi ! criai-je en courant vers elle.

— Ma pauvre enfant, je ne suis pas ta mère, je n'ai aucune autorité sur toi ; on a décidé que tu devais rester ici, je n'y peux rien.

Elle m'embrassa, avec une évidente envie de pleurer, et s'en alla vite, tandis que Carlotta m'enlevait dans ses bras, en me disant :

— Chacun son tour, je suis ta tante aussi, et tu penses bien que nous ne voulons pas ta mort.

D'un pas léger, elle m'emporta par le corridor, où tout le monde la

Chapitre XXXIII

suivit, jusqu'à la tourelle en chêne, qui pivota et apparut comme une niche creuse. C'était le tour, qui seul donnait accès dans l'intérieur du couvent. Ma tante s'y plaça avec moi, en riant de la manœuvre, pour essayer de me faire rire aussi. La marquise passa après nous, emplissant toute la niche de sa corpulence et de ses falbalas ; puis vint la grand'mère, grognant et ricanant de ce drôle de système.

La sœur tourière, voilée de noir, nous reçut dans une sorte de vaste loge, très claire et très luisante, et aussitôt arriva à grands pas, qui faisaient cliqueter ses chapelets, la religieuse entrevue derrière la grille du parloir. Elle se jeta dans les bras de la marquise et embrassa aussi Carlotta, qui lui dit :

— Ma chère sœur Sainte-Madeleine, voici ma filleule ; elle ne sera pas dans votre classe, mais vous serez tout de même sa petite maman, n'est-ce-pas ?…

Je ne fus pas frappée, alors, par l'étrangeté de cette entrée au couvent, dans les bras d'une danseuse de l'Opéra, et accompagnée d'une aussi mirobolante marquise.

D'autres religieuses s'étaient jointes au groupe et on visitait la cour des élèves, enfermée entre des constructions banales ; puis on pénétra dans le jardin particulier des sœurs. Là, des allées sablées de gravier, de longues plate-bandes bordées de buis, des arbres fruitiers, des espaliers, et comme ornement remarquable, une treille, qui s'étendait sur tout un côté et formait une galerie de verdure.

Concentrée en moi-même, je ne répondais pas un mot aux questions que l'on me posait, ni à toutes les amabilités dont on m'accablait, pour endormir mon ressentiment. J'étais comme la bête capturée, qui juge inutile de se débattre, et que l'on croit domptée. Mais je mesurais de l'œil la hauteur des murs, je scrutais la nature des pierres, la disposition des branches ; les espaliers me semblaient devoir former des échelons favorables à l'escalade ; les tessons de bouteilles dont les crêtes se hérissaient, ne m'effrayaient guère, je croyais savoir les éviter, et des têtes d'arbres dénonçaient des jardins mitoyens et m'indiquaient le chemin de la liberté. Il faudrait cependant, je le pensais bien, de la ruse et de la patience.

Déjà je dressais un plan dans ma tête : si je pouvais me cacher,

Judith Gautier

j'attendrais jusqu'au lendemain matin, alors, je me sauverais.

Pour faire se relâcher un peu la surveillance, j'eus l'air de m'intéresser aux fleurs ; d'avoir envie de courir. On favorisa tout de suite cette apparence d'apprivoisement.

— Va, cours, amuse-toi dans le jardin, me dit-on.

J'allai d'abord en avant, puis je restai en arrière du groupe qui continuait à marcher, et me ménageait, en réalité, une sortie furtive, qui éviterait les adieux.

Je le vis repasser la porte du jardin, qu'une des sœurs ferma à clé.

Vite, je regardai autour de moi. J'étais bien seule, mais le jardin n'offrait pas de recoins où se cacher, les arbres fruitiers n'étaient guère touffus ; seuls, les ceps emmêlés et les feuilles de vigne de la treille formaient un réseau épais.

Il me fut bien facile de grimper extérieurement sur le treillage ; mais la partie plate, qui formait toiture serait-elle capable de me porter, n'allait-elle pas s'effondrer sous moi ?... Je cherchai un endroit bien fourni de branches et de feuilles, et je m'y glissai avec précaution. Il y eut quelques craquements, mais rien ne cassa. Alors, étendue à plat ventre, complètement enfouie, je ne bougeais plus.

J'entendis bientôt la porte se rouvrir et les sandales claquer. On me chercha d'abord tranquillement, puis on commença à m'appeler.

— Voyons, mon enfant, ne vous cachez pas, c'est inutile, nous vous voyons très bien !

— Les menteuses, me disais-je, elles ne me voient pas du tout, c'est moi qui les vois.

Après plusieurs tours inutiles, elles s'imaginèrent sans doute que je m'étais peut-être glissée, sans être vue, derrière elles, quand elles étaient sorties, car elles abandonnèrent le jardin.

Le ciel était couvert, la nuit venait rapidement. Une cloche se mit à sonner très fort et longtemps. Puis j'entendis, du côté de la cour, un piétinement et un bourdonnement de voix inexplicables, alors, pour moi ; c'étaient les élèves qui traversaient la cour pour aller au réfectoire.

Ce lieu inconnu devenait de plus en plus triste, dans cet assombrissement ; j'avais le cœur gros et j'aurais bien pu

Chapitre XXXIII

pleurer, puisque personne ne me voyait ; mais je ne voulais pas. S'il m'arrivait de pleurer trop fort, on m'entendrait et on me découvrirait.

Des sœurs revinrent, plus nombreuses, très effarées, cette fois. Il y en avait en voile blanc, qui couraient partout, puis elles s'en allèrent encore, et le temps passa. J'entendis de nouveau la cloche ; et bientôt un grand silence s'établit.

Il faisait complètement noir et une pluie fine se mit à tomber, qui mouillait tout doucement, sans faire de bruit, les feuilles m'abritaient un peu, mais elles s'égouttaient dans mon cou, et j'étais tout engourdie d'immobilité.

Je tenais bon, cependant, et j'étais si désolée, que je ne pensais pas à avoir peur, malgré les froissements de vent dans les branches, les grondements sourds de la ville, et l'obscurité dans cet inconnu.

Tout à coup, un animal lancé au galop, jurant et criant, passa à côté de moi, presque sur moi : des chats, sans doute, qui se poursuivaient mais je crus que c'était le loup, le loup, que j'avais oublié !... en quelques bonds, j'eus dégringolé le treillage, toute tremblante de peur.

Des lanternes apparurent au bout de l'allée. C'étaient deux religieuses qui revenaient encore, abritées sous des parapluies.

Cette fois, je me laissai prendre, piteusement. Sœur Sainte-Madeleine me garda auprès d'elle, toute la nuit, me réchauffa et essaya de me faire manger ; je pus avaler seulement un peu de vin sucré, auquel elle avait mêlé quelque calmant, et je dus m'endormir, car je ne me souviens plus.

Chapitre XXXIV

Mon trousseau avait été confectionné sur des mesures approximatives et sans être essayé ; on m'en revêtit dès le lendemain. Il était hideux et me fit horreur.

Un pantalon en finette grise, terminé par des bouts de jambes, de serge noire, en forme de pantalon d'homme !... une robe de serge noire, à gros plis, trop longue, et un tablier en lustrine noire à manches boutonnées. On me tira les cheveux et on m'en fit deux

Judith Gautier

nattes serrées.

Ainsi transformée, je fus jugée digne d'être présentée à la supérieure du couvent. Sœur Sainte-Madeleine me prit par la main et me fit traverser plusieurs grandes pièces, très cirées et très nues, où les hautes fenêtres à petits carreaux étaient à demi voilées de calicot blanc. La supérieure était en conférence avec l'aumônier, nous ne trouvâmes qu'une de ses assistantes, comme qui dirait son premier ministre : la mère Sainte-Trinité.

Elle était vieille, vieille, avec une longue figure très laide, mais si bonne et si aimable qu'elle semblait agréable. Affalée dans un fauteuil, sous son voile noir et sa guimpe blanche, elle riait, d'un rire aux longues dents rares, et tendait vers moi ses mains noueuses.

La chambre était emplie de petites choses claires : images coloriées, encadrées de broderies ; bannières à franges d'argent ; fleurs en papier et petits Jésus de cire sous des globes de verre.

Près de la fenêtre, sur une table, était posé un objet, qui me parut admirable. C'était un paysage en verre filé, avec des rochers bleus et des arbres d'émeraude ; des cascades lumineuses qui jaillissaient ; des petits anges aux ailes roses et des bergers au milieu de petits moutons qui semblaient en sucre. Cette œuvre d'art me rappelait la pendule mécanique du bon curé de Montrouge. Parlant pour la première fois, je ne pus m'empêcher de demander « si ça marchait ». Non, ça ne marchait pas ; mais la cascade était si luisante, qu'elle avait vraiment l'air de couler.

La mère Sainte-Trinité alla, en trottinant, ouvrir un placard, dans lequel étaient rangés toutes sortes de flacons, et de bottes pleines de friandises. Elle me fit boire un petit verre de cassis, « comme on n'en buvait pas souvent »,disait-elle, et jeta dans mon tablier, des pralines, des macarons, des croquignoles…

— Quand tu en voudras d'autres, tu viendras me voir.

Il fallut bien dire : merci. Si c'était cela le couvent, ça n'était pas si terrible.

Sœur Sainte-Madeleine me promena toute la matinée à travers le couvent, au dortoir, à la lingerie, à la cuisine, à la chapelle, me distrayant de force, par la vue de tant de choses nouvelles ; elle me fit monter à l'orgue et rester à côté d'elle, tandis qu'elle accompagnait des voix, qui chantaient en bas, dans le chœur.

Chapitre XXXIV

Quand la cloche du déjeuner tinta, elle me conduisit au réfectoire, où à de vilaines tables longues, couvertes de toiles cirées noires, une cinquantaine de fillettes, d'âges divers, mangeaient en silence. On me mit à une table à part, mais je ne goûtais qu'avec répugnance à ces mets fadasses et communs, et je ne voulus pas boire dans la timbale, où l'abondance, pourtant claire, me paraissait se changer en encre.

C'est sur la récréation que l'on comptait le plus pour m'apprivoiser. Je fus laissée dans la cour, au milieu de toutes les élèves lâchées, qui sautaient et couraient, en poussant des cris aigus.

Je me dirigeai, sans avoir l'air d'y penser, vers le jardin des religieuses. La porte était fermée à clé et, à travers la grille, je vis des sœurs qui se promenaient en lisant des prières.

Ce n'était pas le moment d'essayer de se sauver.

Des fillettes me suivaient, m'examinant avec des mines curieuses. Quelques-unes m'invitèrent à des jeux, mais je faisais : « non » de la tête sans répondre. J'étudiais la disposition du lieu, cherchant l'issue, avec l'acharnement des bêtes captives. Un des coins de la cour s'ouvrait sur une sorte de préau, planté de quelques grands arbres et qui appartenait aussi aux élèves. Les grandes s'y promenaient posément, par groupes de trois, en causant à demi-voix ; le terrain, battu par des piétinements, était complètement nu ; quelques brins d'herbes, se montraient seulement aux pieds des arbres, et des orties assez épaisses bordaient la muraille noire, plus haute que partout ailleurs, et qu'aucun treillage ni espalier ne rendaient accessible aux escalades. D'un coté s'étendait la chapelle, que faisaient reconnaître trois fenêtres en ogives, fermées de vitraux. Rien à espérer de cette impasse : mieux valait fureter encore, peut-être, du côté de la rue.

Je revins dans la cour. La sœur tourière me cherchait partout : on me demandait au parloir. Qui donc ?… Peut-être venait-on pour m'emmener !…

Je repassai le tour ; on me guida par le couloir, et on me fit entrer dans une cellule plus petite encore que celle de la veille. Mais dès le seuil, je poussai un cri de joie : c'était ma nourrice ! C'était la Chérie, avec son auréole tuyautée, son petit châle vert à palmes !

Après tant de lourdes heures, au milieu d'inconnues, c'était bon

Judith Gautier

de la voir, elle. J'étais dans ses bras, assise sur ses genoux, roulant ma tête sur son épaule.

— Tu viens me chercher, toi ; tu ne veux pas que je reste dans cette prison.

Hélas ! non, elle ne venait pas me chercher, mais seulement me consoler un peu. Elle était plus près de moi, maintenant, et viendrait me voir souvent. Il fallait bien se résigner à obéir aux parents, puisqu'ils étaient nos maîtres…

— Pourquoi faire des parents ?… Je n'en veux pas… et d'abord, je vais me sauver.

À voix très basse, car j'avais l'impression que dans cette maison pleine de grilles et de rideaux noirs, il devait y avoir des oreilles partout, je lui exposai mon plan de fuite, et avec beaucoup de détails, elle dut m'expliquer la route à suivre pour aller chez elle, car, bien entendu, c'était elle qui me cacherait ; mais ne sachant même pas où j'étais, je ne comprenais guère ses explications : tant pis, je demanderai tout le long du chemin, les Batignolles, et une fois là, je saurai bien trouver l'impasse d'Antin.

Elle me donna des nouvelles de Marie, qui avait deux enfants ; de Sidonie, qui devait se marier. Pauline était en apprentissage pour devenir blanchisseuse ; Eugène, qui était mon frère de lait, était loin d'être grand et fort comme moi, il allait à l'école, et s'il montrait des dispositions, on avait l'idée d'en faire plus tard un mécanicien. Quant au père, il lui donnait bien du tourment, il était malade et ne travaillait presque plus : il s'en allait de la poitrine et elle était bien lasse elle-même, car il lui fallait travailler double.

Comme je revoyais toutes ces chères figures à mesure qu'elle parlait, et cette vie laborieuse et humble, et le pauvre nid, si bien ouaté pour moi de tendresse ! Je pensais au puits sonore qui me faisait si peur, au jardin de la propriétaire, à la soupente sous l'escalier où avait logé ma chèvre blanche… Pauvre Nounou !…

— Vois-tu, quand je serai grande, tu viendras avec moi, et tu ne travailleras plus.

Certainement elle viendrait près de moi, si Je voulais d'elle ; mais, pour cela, je devais devenir riche, étudier sérieusement, afin d'être savante, au lieu de penser à me sauver du couvent…

Chapitre XXXIV

Oh ! ça, c'était décidé ; je voulais bien travailler, mais ailleurs.

Un bruit léger de porte, le rideau noir glissant derrière le grillage, et la sœur Marie-Jésus, d'une voix douce et sans timbre, nous avertissant que les visites ne pouvaient pas se prolonger au delà de la récréation, et que la cloche sonnait la rentrée en classe.

Déjà !… Elle venait à peine d'arriver, la Chérie !… Je voulais crier, trépigner, mais elle se pencha vers moi, me dit tout bas :

— Prends garde, on ne me laisserait pas revenir.

Cela me calma subitement. Je me collais contre elle, espérant pouvoir m'échapper quand elle passerait la porte de la rue. On se méfiait de moi, car on n'ouvrit pas avant que je n'eusse repassé par le tour.

Je me retrouvai seule, dans la cour vide, le cœur gonflé de chagrin, la gorge serrée, tout près d'éclater en sanglots.

Une grosse religieuse, qui passait, en se hâtant, me prit par la main.

— Venez, mon enfant dit-elle, vous êtes de ma classe ; il faut que je vous présente à vos compagnes et que je vous installe.

Chapitre XXXV

Le corps de logis où se trouvaient les classes, fermait la cour d'un côté. C'était le morceau le plus singulier parmi toutes ces laides constructions : il contenait des espaces dallés, des passages voûtés, avec des différences de niveau, des marches de pierre. Confinant à la chapelle, il semblait avoir formé, jadis, une église plus vaste, dans laquelle on avait disposé des compartiments, pour différents usages.

La porte de la petite classe ouverte, il fallait descendre un étroit escalier en bois de quatre ou cinq marches. Devant les deux fenêtres donnant sur la cour, s'allongeait une table unique, quoique double, faite de deux rangs de pupitres, réunis au sommet des pentes, par un chemin plat, dans lequel étaient ménagés des trous pour les encriers. Les bancs, de chaque côté, tenaient aussi à la table, le tout peint en noir. Les murs, salis, étaient d'une vague teinte de beurre, et l'humidité bossuait, par places, le plancher grisâtre. Un vieux

Judith Gautier

piano carré, sur lequel « les grandes » venaient étudier, s'appuyait à la paroi opposée aux fenêtres, et c'était tout.

Quand je descendis pour la première fois le petit escalier, poussée par la mère Saint-Raphaël, une vingtaine de petites filles menaient dans la classe un grand tapage, qui s'éteignit subitement.

À un des bouts du double rang de pupitres, devant une petite table, la religieuse avait sa chaise. Elle me fit venir près d'elle, et je dus subir un examen. Il se trouva que les leçons de mon grand-père m'avaient menée assez loin, et que j'allais être une des plus avancées de la petite classe. J'étais une des plus jeunes, mais ma taille, au-dessus de mon âge, me mettait parmi les grandes.

On me donna un ruban vert, en laine, large de deux doigts, qui était la couleur distinctive de la division. La façon de l'enrouler était assez compliquée : il devait entourer la taille, passer sur les épaules en se croisant dans le dos et sur la poitrine. Cela égayait un peu le noir du costume.

Mes cahiers et mes livres étaient déjà rangés dans un pupitre devant lequel on me fit asseoir, et une demi-heure fut accordée pour repasser la leçon : quelques pages d'histoire sainte. Penchées sur leur livre, les coudes sur le bois, la tête dans les mains, toutes ces petites filles m'examinaient en dessous, mais elles n'étaient pas pour m'intimider : je leur trouvais l'air bête et sournois et, sauf une, frêle et jolie, la dernière du banc, aucune ne valait la peine d'être regardée.

Mais avec une vague épouvante, j'étudiais la mère Saint-Raphaël, quand elle ne regardait pas de mon côté. Elle était petite et forte, avec la peau très blanche, et des yeux veloutés, sous des sourcils noirs et épais ; au-dessus de sa bouche s'estompait une petite moustache assez accentuée, et c'était cela qui me faisait peur. Je me rends compte aujourd'hui qu'elle ressemblait un peu à Balzac.

La demi-heure écoulée, sur un coup de règle frappé contre la table, tous les livres se fermèrent et la récitation commença. La leçon était très mal sue, chacune n'en disait que des bribes sans suite ; mais lorsque ce fut le tour de la jolie dernière, elle n'en put pas trouver un seul mot, et, comme les autres, qui n'avaient pourtant pas de quoi être fières, pouffaient de rire et se moquaient d'elle, elle se mit à pleurer. Elle était trop petite, aussi, et devait à

Chapitre XXXV

peine savoir lire j'eus envie de tomber à coups de poing sur ces vilaines gamines ; je fis même un mouvement pour me lever. La religieuse crut que je voulais réciter :

— Je ne vous interroge pas, mon enfant, dit-elle, vous n'avez pas eu le temps d'apprendre la leçon.

— Mais si, madame, je la sais…

« Madame !… » Toutes les élèves se tordaient de rire.

Des coups de règle précipités sur le bord de la table, leur imposèrent silence.

— Appelez-moi : ma Mère, et dites ce que vous avez pu retenir.

Je récitai la leçon, presque mot à mot, ce qui me valut plusieurs petits bouts de papier bleu. Ma voisine m'expliqua que c'était des bons points, et qu'il fallait les garder précieusement, parce qu'ils servaient à racheter les punitions.

— Tu es bien heureuse, ajouta-t-elle, moi, je n'en ai pas du tout.

Je ne sentais guère mon bonheur. Je ne pouvais croire qu'il me faudrait rester dans cette prison, où tout était laid, où chaque mouvement était surveillé, où il fallait se taire quand on avait envie de parler, et rester assis quand on aurait voulu courir.

La récréation du soir me fut particulièrement pénible, dans cette cour sans air et sans horizon, entre ces bâtiments gris, qui faisaient la nuit plus tôt. J'avais le cœur et la gorge serrés. J'éprouvais un sentiment d'étouffement et de désespoir, et j'amassais des rancunes contre ceux qui n'avaient pas su me défendre, le grand-père surtout, lui, si autoritaire, et qui pouvait si bien se faire obéir.

Après m'avoir séparée de ma vraie mère, on me privait maintenant de la nature, qui seule, m'avait consolée, et je ne pouvais rien dire, qu'à moi-même, au milieu de tous ces inconnus. La peine était vraiment lourde pour la force de caractère d'une enfant de sept ans…

Au dortoir des petites, où mon lit était aligné, je fus étonnée par toutes ces couchettes à rideaux blancs, parmi lesquels la religieuse de garde qu'on appelait : sœur *Dodo*, circulait, se détachant à peine sous son voile d'un blanc plus doux.

Les bruits du dehors, les cris des charretiers s'entendaient distinctement : le dortoir longeait donc la rue !… Au lieu de

Judith Gautier

dormir, lorsque tout fut tranquille, je me soulevai pour regarder les étroites fenêtres, hors de portée et barrées d'une croix de fer.

Chapitre XXXVI

On me demandait au parloir.

Cette fois c'était mon père et ma mère.

Je me tins devant eux, muette et gauche sans effusion, sans plaisir ; essayant, par orgueil, de cacher ma rancune.

Mon père était en noir et, pour la première fois, je remarquai le ruban, qui mettait comme une fleur rouge à sa boutonnière. Il restait debout, le monocle à l'œil ; l'air mal à l'aise et mécontent.

— Quel costume !... de qui porte-t-elle le deuil ?... s'écria-t-il en me voyant.

— C'est l'uniforme, dit ma mère d'une voix boudeuse.

— On est parvenu à la rendre laide.

— Les enfants n'ont pas besoin d'être jolis.

— Tel n'est pas mon avis...

Et mon père se baissa, sur les talons, pour m'embrasser.

— Est-ce qu'on te lave au moins ?... dit-il.

Il en voulait probablement à saint Labre et tenait en suspicion les couvents, lui, à qui j'entendis redire, plus tard, bien souvent, qu'il ne pouvait comprendre les religieux... « qui se réunissent pour puer de compagnie, en l'honneur d'un Dieu qui a créé dix mille espèces de parfums... »

La mère Marie-Jésus était là, derrière le grillage ; elle chuchotait, de sa voix mielleuse et, à cause de la présence d'un homme, son voile baissé ne laissait voir que son menton fin et pointu et un peu de sa bouche mince. Elle donnait toutes sortes d'explications, touchant les leçons de musique, l'excellente nourriture, les soins attentifs... Ma mère souriait d'un air enchanté ; mais à la façon dont mon père examinait la religieuse, à travers son monocle, je compris qu'elle lui inspirait peu de sympathie et qu'il était d'ailleurs hostile à tout ce qui l'entourait. Il ne se mêla à la conversation que pour jeter cette phrase :

– Je désire que ma fille prenne un bain toutes les semaines ; si cette clause n'était pas remplie, je me verrais obligé de la retirer.

Et quand il m'embrassa, pour prendre congé, il me souffla dans l'oreille :

— Tu sais, si tu t'ennuies trop ici, dis-le moi.

J'eus envie de lui crier : « Emmène-moi tout de suite » ; mais comme il parlait bas, je compris qu'il craignait d'être entendu, et que, pour l'instant, il fallait se taire.

Chapitre XXXVII

Le lieu où l'on m'avait enfermée était le couvent des religieuses, très sévèrement cloîtrées, de Notre-Dame de la Miséricorde.

Il occupait, je crois, des restes de l'ancien cloître où se retira Mlle de La Vallière, sous le nom de sœur Louise de la Miséricorde, et qui fut détruit pendant la Révolution.

Sauf du côté de la chapelle, dans la partie qui contenait les classes, rien ne paraissait ancien et rien n'avait de caractère.

Chaque matin, dès sept heures, tout engourdies de froid et de sommeil, on allait entendre la messe.

Toujours préoccupée par l'idée de fuir je cherchais à me rendre compte de la disposition de la chapelle, mais c'était extrêmement compliqué. Nous étions dans une tribune, qui donnait sur le chœur des religieuses : une grande salle carrée au plancher ciré, avec de chaque côté, scellées aux murailles, des stalles en bois de chêne ; au fond, au-dessous des tribunes mais plus au milieu, des bancs surélevés étaient réservés à la supérieure et à ses assistantes, et dominés par les stalactites luisantes des tuyaux de l'orgue. Le quatrième côté était occupé tout entier par une vaste grille, formée de petits carrés, comme toutes les grilles du couvent ; deux rideaux noirs, courant sur des tringles la voilaient à mi-hauteur ; ces rideaux restaient ouverts pendant les offices. De l'autre côté c'était l'église, avec le maître-autel en face de la grille. Je m'aperçus bientôt que cette petite église était publique : les gens du dehors y venaient, et, par cela elle prenait pour moi un intérêt extrême. Puisqu'on y entrait, on pourrait peut-être en sortir. Au moment de la communion un carré s'ouvrait dans le grillage ; nappe blanche et le prêtre descendu de l'autel venaient s'agenouiller là devant une petite nappe blanche et le prêtre descendu de l'autel leur donnait l'hostie. L'ouverture était assez large pour qu'une grande personne pût y passer aisément et, une fois de l'autre côté, la rue toute proche… oui, mais, dès que l'officiant était reparti, on fermait la petite porte et on l'assujettissait par un cadenas.

Tout de même cette chapelle, où le monde extérieur avait accès, me parut être le point faible, et je guettais toutes les occasions qui me permettaient de fureter par là. Mais c'était si bref et si furtif, que je ne pouvais rien découvrir de nouveau.

Un jour, pendant la récréation, je parvins à gagner sans être vue, l'escalier des tribunes. J'avais remarqué qu'il montait plus haut, et depuis longtemps je voulais savoir où il aboutissait. J'arrivai à un vaste grenier, très éclairé par une sorte de coupole encore plus haute d'où le soleil tombait d'aplomb. Juste au-dessous était découpé dans le plancher un grand trou rond, qui m'attira tout de suite. En me penchant un peu, je vis qu'il donnait sur le chœur, qui en recevait la lumière. Les religieuses étaient là, assises dans leurs stalles, les mains dans leurs manches, immobiles et muettes, ayant l'air de dormir. Vues de là-haut elles me paraissaient rapetissées, comme aplaties, et très ridicules. J'eus une envie irrésistible de troubler leur méditation par quelque bon tour. Le grenier était à peu près vide, mais du linge sale était amassé par tas, çà et là : j'en amenai un jusqu'au bord du trou et je le lançai d'un coup de pied… J'entendis un « *flac* » puis des cris étouffés… En me sauvant je rencontrai une grosse corde, pendant des poutres, et je tirai dessus. Les vibrations, puissantes et profondes, d'une cloche toute voisine que ce geste mit en branle, m'épouvantèrent et j'eus si vite dégringolé l'escalier que jamais on ne put découvrir par qui avait été causé un pareil scandale !…

Chapitre XXXVIII

Ce bain, que mon père avait exigé pour moi et auquel on avait consenti, par crainte de perdre une élève, n'allait pas sans causer un grand embarras. C'était un événement insolite, pour lequel rien n'était disposé, et qui inspirait une sourde réprobation : le premier degré, peut-être, des pompes de satan... On avait des hochements de tête, des haussements d'épaule, des yeux levés vers le ciel, et la sœur Dodo me confiait, innocemment, que le bain de la religieuse consistait, tout simplement, à secouer sa chemise !...

Je voyais arriver le jour de ce bain avec une certaine appréhension, car il constituait pour moi presque un supplice.

Le sol du couvent même, ne pouvant pas se prêter à cet acte peu décent, on me faisait passer par le tour, puis descendre dans une cave, où on avait posé un baquet plein d'eau chaude, et, personne ne voulant être complice, on me laissait là toute seule, après m'avoir bien recommandé de ne pas ôter ma chemise et de la baigner avec moi.

J'avais toujours, et par dessus tout, l'horreur des caves, et la demi-heure, interminable, que je devais passer dans ce baquet, où l'eau se refroidissait, était pleine d'angoisse et de dégoût.

Il ne faisait pas très noir, et je voyais les grosses araignées, courir dans les angles, drapés de toiles poussiéreuses.

Une seule chose m'intéressait et me faisait prendre ma peine en patience : le soupirail, férocement grillé, donnait sur la rue, j'apercevais un peu des pavés, un peu de l'air libre et, par moment, des pieds de passant qui couraient, au ras du grillage.

Chapitre XXXIX

Quand je fus bien persuadée que je ne parviendrais pas à m'échapper de ce couvent, je me décidai à me laisser mourir de faim. Mais, hélas ! cette résolution extrême ne tenait guère plus d'une demi-journée.

Pourtant, je voulais en finir, plutôt dans l'idée de me venger de ceux qui m'avaient enfermée : « pour leur apprendre, » que pour mourir tout à fait.

Mais le moyen n'était pas facile à trouver et je roulai longtemps ce sinistre projet sans parvenir à le réaliser.

Un jour, pourtant, je reconnus, parmi les mauvaises herbes, le long des murailles du préau, près de la chapelle, une plante, dont

Judith Gautier

mon grand-père m'avait appris à me défier, comme d'un poison violent, et qu'il arrachait toujours, quand il la rencontrait dans le jardin de Montrouge. C'était, je crois, de l'euphorbe unepetite herbe, qui n'a l'air de rien, mais qui saigne une goutte de lait, quand on casse la tige, un lait terrible !... Je n'hésitai pas à sucer de ce lait, autant que j'en pus trouver. Le résultat fut très rapide : j'eus une inflammation violente de la bouche et de la gorge, une brûlure si douloureuse, que je n'ai jamais pu revoir cette perfide goutte de lait, sans retrouver cette affreuse sensation.

Je dus passer plusieurs jours à l'infirmerie, et, le médecin, ne comprenant pas ce que j'avais, je lui expliquai que je m'étais empoisonnée, pour m'en aller du couvent.

L'effet que je cherchais fut, malheureusement, tout a fait manqué. On se garda bien de raconter à ma famille qu'il y avait des plantes dangereuses, à la portée des enfants. Mais on sarcla soigneusement les herbes folles, qui prospéraient au pied des murailles et des arbres, et l'affreux préau de terre battue fut ainsi privé de toute verdure.

Chapitre XL

Le jour où elle parut, dans la petite classe, je crus avoir une hallucination.

On avait annoncé une nouvelle élève, mais sans rien dire de plus, et ce que je voyais était si inattendu, si invraisemblable, surtout dans ce milieu austère, où tout était endeuillé et sombre, qu'il me sembla que je rêvais.

Celle qui descendait, avec hésitation, le petit escalier de bois, c'était une aimée !... Vêtue d'une veste écarlate, à manches de gaze lamée d'or, elle était coiffée d'une calotte brodée de perles, posée de côté, au-dessus de deux belles nattes blondes.

Quelle vision ! toute la classe était béante de stupeur, tandis que la nouvelle venue, plus grande qu'aucune de nous, fronçait le sourcil et baissait la tête, au point de cacher son visage, tellement elle était intimidée d'être regardée par tant de paires d'yeux.

Le premier étonnement passé, malgré les : « *Chut, chut* » et les coups de règle de la mère Saint-Raphaël, les élèves étouffèrent mal leurs rires et leurs chuchotements moqueurs. Ces petites filles, alors, me parurent si ridiculement sottes que je les pris définitivement en grippe.

Je sortis de mon banc, ce qui n'était pas permis, et passant derrière la chaise de la religieuse, j'allai, dans un élan spontané, embrasser la nouvelle venue.

— De quel pays es-tu, pour être si belle ?

— Je suis Valaque, me répondit-elle.

— Comment t'appelles-tu ?

— Catherine.

— Eh bien ! Catherine, je serai ton amie, et tu n'as pas besoin d'avoir peur de ces petites cruches-là.

Le lendemain toutes ces splendeurs avaient disparu, Catherine avait pris le deuil ; le ruban de laine verte de la division remplaçait les palmettes d'or et les gazes lamées ; mais elles existaient toujours pour moi, je savais tout cela enfermé dans un coffre et la jeune Valaque restait à mes yeux une personne mystérieuse et attrayante.

Elle était douce et craintive, avec un visage un peu large, des yeux bruns et le teint légèrement brouillé de taches de rousseur. En somme, dépouillée de son costume original, elle n'avait rien de très particulier dans l'aspect, mais son caractère était singulier ; sa manière de parler, ses gestes, tout me rappelait à chaque instant son origine et ce qu'elle contenait d'inconnu.

Je me mis à l'aimer beaucoup, et mon chagrin s'en alla. Tout fut changé autour de moi. Je commençais à examiner les êtres qui peuplaient le couvent ; jusque-là ils n'avaient été pour moi qu'une foule vague, et, poussée par mon caractère insoumis et mon instinct de domination, au lieu de ruminer mon ennui, j'entrepris la conquête du couvent !

Dans la classe, je ne quittais plus la première place, à droite de la religieuse ; Catherine, plus âgée que la moins jeune de la division, était en retard, quoique sachant parler le français ; elle mérita cependant par son application, la seconde place, et, ainsi, elle était en face de moi, tout près, devant l'autre versant des pupitres noirs.

J'avais établi, entre elle et moi, toute une télégraphie de clins d'yeux et de grimaces, que j'employais quand il était défendu de parler, et qui la remplissait de terreur. Elle craignait, surtout pour moi, les punitions, mais j'avais toujours une provision de bons points, que je m'efforçais de gagner, uniquement pour avoir de quoi me libérer et pouvoir tout me permettre. C'était là, la base initiale de mon indépendance ; j'étais étonnamment sage et laborieuse, dans le seul but d'échapper à la règle.

Cette combinaison, fruit de profondes réflexions, embarrassait beaucoup l'autorité ; sous peine de renverser l'ordre établi par elle et de rapporter ses propres décrets, elle était bien forcée d'accepter les rançons qu'elle avait fixées, et de subir mes infractions. La mère Saint-Raphaël disait « que je me déguisais en ange pour mieux faire le diable… »

Je tenais beaucoup, surtout, à quitter la classe sans permission, car cela me paraissait très humiliant de demander toujours à être autorisée, pour les actes les plus insignifiants. Pendant les quarts d'heure de repos, où l'on était à peu près libre dans la classe, je m'échappais, entraînant Catherine, quand elle avait assez de courage et était munie de bons points. Nous allions rôder dans les couloirs, à la buanderie, à la cuisine, dans le jardin des religieuses, et en tous lieux où il était défendu d'aller. Quelquefois nous montions, posément, l'escalier bien ciré qui conduisait aux appartements de la supérieure et des dames assistantes, et nous frappions à la porte de la vieille mère Sainte-Trinité, dont l'enfance sénile se réjouissait toujours de la nôtre, et nous comblait de verres de cassis et de croquignoles.

Au retour de ces escapades, je payais tout de suite en petits bouts de papier bleu et Catherine, honteuse, s'exécutait aussi, tout attristée et repentante.

Il y avait, pourtant, des punitions pour lesquelles je dédaignais de me racheter, celle surtout qui consistait à avoir le tablier noir relevé sur la figure. En général, toute la classe la subissait en même temps et je trouvais cela plutôt amusant et très ridicule. J'avais d'ailleurs un moyen, qui réussissait presque à coup sûr, de faire pardonner à toutes.

Une verve très singulière m'était venue depuis quelque temps, un besoin de discourir abondamment, sur les sujets les plus imprévus.

Chapitre XL

La teneur et le style de ces beaux discours m'échappent tout à fait, mais j'ai le souvenir très net des effets qu'ils produisaient.

Le tablier sur la tête, dans le silence consterné de la classe, je commençais à parler, à demi-voix, comme à moi-même, puis je haussais le ton insensiblement. Je m'adressais à mes compagnes, les exhortant, sans doute, au repentir, avec des inflexions et des éclats de voix de prédicateur en chaire.

À travers l'étoffe, j'y voyais un peu. Je guettais le visage de la mère, je voyais le coin de sa bouche remuer, pour un sourire qu'elle retenait, mais, de plus en plus irrésistible. Tout à coup elle se renversait sur sa chaise, en éclatant de rire :

— On n'a pas idée d'un pareil démon, disait-elle, qui est-ce qui lui souffle tout cela ?

Presque toujours elle ajoutait :

— Allons, je pardonne, reprenez vos livres.

J'allais alors la remercier, et elle m'embrassait, en recommençant à rire…

Cette verve bizarre ne se bornait pas aux paroles, j'écrivais aussi. Ma grand'mère m'avait fait cadeau d'une papeterie, où étaient rangés, avec leurs enveloppes, des cahiers de papier à lettres, rose, vert pistache, bleu tendre, lilas, tout à fait jolis. Elle me les avait donnés pour m'inciter à écrire à ma famille, mais je n'avais rien à lui dire.

C'était à la mère Sainte-Madeleine que j'adressais, de préférence, mes épîtres.

Depuis que l'amitié de Catherine me faisait prendre le couvent en patience, je cherchais à m'expliquer dans quel but les religieuses y étaient ainsi enfermées. J'avais cru d'abord qu'elles subissaient une pénitence, pour le rachat de quelque faute très grave, et j'eus beaucoup de peine à comprendre, et même je ne compris pas du tout, comment elles y étaient de leur plein gré, pour toute leur vie, et heureuses d'y être. Cela je ne pouvais pas le croire ; en tous cas, elles étaient abusées par quelque folie, et j'avais entrepris de convaincre la mère Sainte-Madeleine qu'elle se trompait : je voulais la guérir de son erreur…

C'est dans ce but que je lui adressais de si belles lettres, sur mon

Judith Gautier

papier à couleurs tendres. Je regrette d'avoir oublié les arguments que j'employais et la façon dont je les énonçais, cela devait être d'une extravagance et d'une drôlerie extrêmes, car la mère Sainte-Madeleine, si réservée et si sérieuse, s'amusait infiniment de ces lettres, qui cependant ne la convertissaient pas à mes idées.

Je me souviens seulement du sens de quelques-uns de ces gribouillages, qui prenaient la forme de déclarations d'amour, car, aussi invraisemblable que cela puisse paraître, c'était au nom de l'amour (comment pouvais-je savoir quelque chose de lui ?) que je l'adjurais de renoncer à une réclusion aussi cruelle.

Je lui adressais donc des déclarations ; prenant le rôle d'un jeune homme, un prince naturellement, qui lui proposait de l'enlever et de l'emmener dans son château, où elle s'amuserait à toutes sortes de choses, et ne serait plus jamais religieuse.

Mon papier s'épuisa à cette correspondance, sans convaincre celle à qui elle s'adressait, mais sans la lasser ni lui déplaire.

Mais, quelque chose me désolait, moi, outre la vaine dépense d'un style, sans doute admirable, c'était le contraste de l'écriture déplorable, dont je disposais alors, ponctuée de pâtés et d'éclaboussures, avec la fraîcheur tendre du papier. Aux premières lignes, je tâchais bien de m'appliquer, d'écrire un peu moins gros et plus droit, mais le feu de l'inspiration m'entraînait vite, et c'était très vilain à l'œil, ces lettres, qui ne finissaient pas de sécher, et que je fermais, en poussant un gros soupir, à la fois résigné et navré…

Chapitre XLI

Quand les sorties n'étaient que de quelques jours, je passais chez mon père, chez ma grand'mère ou même chez Carlotta Grisi, ces courtes vacances.

C'était chez Giselle que je m'ennuyais le moins.

Le matin, elle travaillait pendant plusieurs heures, en chemise, devant sa psyché, elle étudiait ses pas : elle courait, bondissait, marchait sur la pointe des orteils, se renversait en toutes sortes de poses, souple, légère, délicieuse. J'assistais à ce spectacle, bien sage dans un petit coin, avec une surprise et une curiosité extrêmes.

Je n'ai, d'ailleurs, jamais vu danser Giselle, que là.

Les personnes qu'elle recevait étaient très aimables pour moi ;
dans l'idée de plaire à la tante, sans doute, on flattait la nièce.

J'ai gardé le souvenir, toujours attendri, d'un jeune prince étranger,
pâle et blond, qui était mon ami plus que les autres. Je lui tenais
compagnie, dans ses longues stations d'attente au salon. Il causait
avec moi, comme avec une grande demoiselle, d'une voix douce
et sourde, et toute sa personne me paraissait particulièrement
précieuse et élégante. Il me fit des cadeaux merveilleux, entre
autres celui d'un canard mécanique que l'on remontait avec une clé,
et qui marchait, battait des ailes et faisait : *coin-coin !*... Il me donna
aussi un salon, formé d'un paravent rose et or, où s'enchâssaient
des glaces, alternant avec des tableaux, d'un mobilier mignon et de
deux belles dames qui se rendaient visite. Ce fut là mon jouet de
prédilection, et je le conservai très tard dans ma vie.

Quand c'était chez ma grand'mère, que je passais mes jours de
sortie, ils étaient alors pour moi une vraie pénitence.

Cette dame, solennelle, sévère et grognonne, m'était tout à fait
antipathique, et, de plus, elle me faisait peur, de sorte que, contre
ma coutume, je subissais sa tyrannie.

Elle occupait, passage Saulnier, derrière une cour, séparée de la
rue par une porte cochère, et un mur orné de pots de fleurs, un
petit appartement au premier. Victoire, sa bonne, une femme d'un
certain âge, coiffée d'un tour de cheveux noirs comme de l'encre,
qui lui donnait un air terrible, venait me chercher au couvent.
Aussitôt arrivée passage Saulnier, ma grand'mère me faisait asseoir
sur une petite chaise auprès du feu (c'était le plus souvent en hiver)
et me donnait à lire un livre très ennuyeux, pour me faire tenir
tranquille, disait-elle.

Je rôtissais d'un côté, ma joue devenait toute rouge, et avec des
impatiences dans les jambes et des envies de crier, je n'osais pas
bouger, pendant des heures. Quelquefois, j'obtenais d'aller faire le
marché avec Victoire, et c'était une délivrance.

Quand la grand'mère était absente, ma seule ressource pour me
distraire, était de converser avec le perroquet, le seul personnage
de la maison pour qui j'eus de la sympathie.

C'était un vieil oiseau, qui en savait long, et m'enseignait

Judith Gautier

complaisamment tout son répertoire. Il me reprenait très drôlement quand je me trompais, en me regardant de son petit œil malin et j'avais pour lui la plus vive admiration. J'ai appris de lui bien des refrains et, entre autres une chanson, paroles et musique, que je n'ai jamais oubliée :

« Quand je bois du vin clairet,
Tout tourne au cabaret... »

Chez mes parents c'était plus gai ; je retrouvais ma sœur, et il y avait un perpétuel va-et-vient de gens, que je ne connaissais pas, mais qui étaient connus, quelquefois célèbres ; entre autres Ernest Reyer, qui chantait au piano d'extraordinaires chansons, Paul de Saint-Victor, Nadar, Vivier, qui jouait du cor de chasse et imaginait les farces les plus étonnantes. Une négresse cantatrice Maria Martinez, surnommée la Malibran noire. Elle embrassait, de ses grosses lèvres, ma mère, qui n'aimait pas du tout cela et prétendait qu'elle sentait le singe. Mon père s'intéressait à elle et s'efforçait de la protéger dans sa carrière fantaisiste et décousue. Il composa même pour elle une opérette, qui fut jouée, intitulée : *La Négresse et le Pacha*.

Une rieuse demoiselle, connue par voisinage (elle habitait sur le même palier) Marie Dupin, était là aussi très souvent. Son nez, spirituellement relevé, amusait beaucoup mon père, qui essaya plusieurs fois de le croquer.

Louis de Cormenin, le parrain de ma sœur, venait souvent nous chercher, et nous conduisait au théâtre de Séraphin, ou bien nous promenait en voiture ; mais, à moi, campagnarde, puis recluse, la voiture ne me plaisait guère, je n'y étais pas très rassurée et je vois encore le regard de surprise et de dédain suprême, que ma sœur, Parisienne déjà blasée, laissa tomber sur moi, un jour où j'avais peur d'un cheval, que je trouvais trop grand, et qui se cabrait !

Chapitre XLII

Au retour de ces journées mondaines, je rapportais, dans le couvent, des impressions qui m'enveloppaient quelque temps et n'étaient pas toujours des plus édifiantes. Je répétais des mots et des bouts de chansons que j'avais retenus, ou bien, ce qui était plus grave encore, je m'efforçais d'imiter à ma façon, les entrechats de Giselle.

En général, je recherchais la solitude pour me livrer à ces exercices, et un grand corridor, qui passait derrière les classes, coupé par des marches de pierres, me semblait le lieu le plus propice à ces essais tumultueux. Les deux mains posées sur une des marches, je donnais de grands coups de pied en arrière, envoyant mes jambes par-dessus ma tête, avec mes jupes à l'aventure. Je mettais une ardeur extrême à cette étude, qui m'eût amenée, peut-être, à faire la roue assez exactement. Mais j'y étais si appliquée que j'oubliais toute prudence.

Un jour, hélas ! la sœur Saint-Claire, sortant de sa classe, me surprit au moment du plus bel effet !...

Quel spectacle ! Elle en fut comme suffoquée ; elle jugea même la faute si grave, qu'elle ne se trouva pas le droit de décréter, seule, la punition, et réunit un conseil.

La sœur Sainte-Claire était toute petite, avec de jolis yeux inquiets, dans une figure ronde, aux joues rouges comme des pommes ; elle n'était pas méchante, mais toujours scandalisée, et elle dirigeait la seconde classe, très nombreuse, en des effarements sans fin. Je tombais mal, en ayant été surprise par cette timorée.

Il n'y eut pas moyen de racheter le châtiment. Je fus condamnée à être à genoux devant la communauté, supplice — équivalant au pilori — destiné à abaisser l'orgueil, et à inspirer au coupable, ainsi humilié, un profond repentir de sa faute ; mais qui produisait sur la pécheresse endurcie que j'étais, bien peu d'effet.

C'était au réfectoire, que l'on subissait la peine. Toutes les religieuses, revenant de la chapelle, défilaient, l'une derrière l'autre, en récitant à demi-voix des litanies. Elles étaient obligées pour gagner leur réfectoire, de traverser le nôtre, et chacune passait ainsi devant la criminelle.

Je les regardais en dessous — tandis qu'elles laissaient tomber sur moi un regard de commisération — très intéressée par leurs allures et leurs attitudes diverses : le voile baissé, pour mieux garder leur recueillement : l'une se balançait comme au rythme de quelque cantique ; l'autre ne se balançait pas, mais levait la tête avec des yeux extatiques ; beaucoup tenaient leurs mains contre leur poitrine, jointes par les paumes ; plusieurs égrenaient le rosaire, et le bourdonnement sourd de toutes les voix était traversé de sons rauques, comme sanglotés, de soupirs flûtés et de notes aiguës, aussitôt éteintes.

Quand le dernier voile avait disparu, il fallait baiser la terre, avant de se relever. On m'avait heureusement indiqué le moyen d'esquiver, par un subterfuge, cette désagréable opération : on baisait sa propre main, et cela revenait au même puisque nous ne sommes que poussière…

Chapitre XLIII

L'expérience me fit découvrir, qu'il y avait, parmi les religieuses, et vis-à-vis de moi, deux camps, dont l'un m'était très favorable, l'autre très hostile.

Le couvent avait des nouvelles du monde, par les élèves, d'abord, dont les plus grandes avaient jusqu'à vingt ans, et les murs n'étaient pas assez hauts pour que la célébrité de mon père ne les ait pas franchis. L'auteur de *Mademoiselle de Maupin* n'était probablement pas en odeur de sainteté ; de plus, ma mère chantait au théâtre ; ma tante dansait ; Julia Grisi était ma cousine ; tout cela m'entourait d'une atmosphère particulière, qui avait, pour les unes, l'attrait du fruit défendu et inspirait aux autres la réprobation et l'horreur. Celles-là m'accablaient de regards courroucés et dénonçaient mes moindres peccadilles ; tandis que les premières me cajolaient et me poursuivaient d'insidieuses et d'indiscrètes questions.

On me demanda une fois, s'il était vrai que mon père avait deux femmes !… Je répondis, sans hésiter (je ne sais où j'avais pris cette réponse péremptoire) : « Qu'il pouvait bien en avoir deux, si cela lui plaisait, puisqu'il était Turc. » Turc !… J'étais donc une païenne, alors ? Cela se voyait bien, à mon absence complète de dévotion…

L'idée d'être Turque ne me blessait en rien ; j'étais même persuadée que j'avais été en Orient et je donnais, au sujet de ce voyage imaginaire, tous les détails que l'on voulait, et qui, par extraordinaire, étaient exacts. La cause de cette bizarrerie est sans doute très explicable, mais elle m'échappe complètement.

Parmi les religieuses qui me détestaient, il y en avait une, qui me produisait une impression indéfinissable. Quand elle était présente, je l'épiais continuellement sans pouvoir m'en empêcher, et elle s'en apercevait, car bien souvent, son regard irrité se heurtait au mien et c'était un choc dont je ressentais vraiment la secousse.

Cette religieuse était jeune, comme une novice, bien qu'elle portât le voile noir. Elle était grande, — très grande — mince et souple, pleine de brusquerie, cependant, dans ses gestes et dans sa marche. Son visage régulier, pâle, à la bouche sinueuse, au menton arrondi et saillant, était énergique et beau, mais il y avait dans toute sa personne comme une gaucherie ou une gêne. À son aversion pour moi se mêlait à ce que j'imaginais, une certaine crainte. On l'appelait sœur Basile.

Elle n'enseignait pas, mais comme presque toutes les religieuses, nous gardait, à son tour, pendant les récréations. Elles avaient lieu quelquefois, en hiver, ou quand il pleuvait, dans la seconde classe, grande salle, en contre-bas, qui longeait le préau et coupait à angle droit la première classe et la petite classe, situées sur la cour. Une sainte Anne, en plâtre peint, apparaissait tout au fond de cette salle, plus longue que large.

C'est là que je crus découvrir, un jour, le mot de cette énigme, si longtemps cherchée. Brusquement il me sembla que tout s'expliquait. J'attirai, dans l'angle le plus reculé, ma peureuse et douce Catherine, et je lui soufflai dans l'oreille, le plus bas possible :

— Je sais, maintenant, la sœur Basile est un homme.

— Un homme !

— Regarde-la, ça se voit bien, va ; elle est si grande, l'air si fier, et quand elle marche, sa robe n'est pas assez large pour ses pas…

— Prends garde, on dirait qu'elle t'a entendue.

La sœur Basile, en effet, dardait vers nous un regard fixe et dur, de l'autre bout de la salle, où elle se tenait debout et les bras croisés, dans une attitude vraiment virile.

— Elle n'a pas entendu, mais elle a peur que je devine, il y a longtemps qu'elle se méfie.

Catherine était terrifiée :

— Si on sait que nous savons, qu'est-ce qu'on va nous faire ?…

Judith Gautier

Moi, j'étais fière de ma découverte, et j'aurais voulu pouvoir répondre une fois : « Oui, mon père » à ce Basile, pour voir ce qu'il dirait ; mais il ne me parlait jamais, et je guettais le son de sa voix, entendu bien rarement.

Je ne pus garder un tel secret. Il fut chuchoté d'oreille à oreille et les grandes surtout y prirent un vif intérêt. Plusieurs étaient convaincues comme moi. Elles disaient que ce devait être un jeune prêtre, qui avait, peut-être, sa sœur dans le couvent ; d'autres cachaient des sourires, pleins de sous-entendus ; quelques-unes le trouvaient charmant.

Les religieuses furent certainement informées de cette scandaleuse rumeur, car Basile fut dispensé de la garde des classes. On ne le revit plus, que de loin, à la chapelle. Mais il n'y eut pas d'enquête, on ne chercha pas à punir. Sans doute la communauté décida que le mieux était d'étouffer, sous le silence, une aussi monstrueuse histoire ; ou, peut-être... J'ose à peine avouer, que je ne suis pas encore bien convaincue, que la sœur Basile n'était pas un homme !...

Chapitre XLIV

Nous étions assez peu nombreuses, à la classe de musique ; classe tout à fait à part et soumise à l'autorité absolue de sa sœur Fulgence, seule à la diriger.

C'était une personne très remarquable que la sœur Fulgence, au visage énergique et anguleux, avec des yeux fauves, ombragés par des sourcils en broussailles. Courte et trapue, elle marchait toujours très vite, penchée en avant et se dandinant, comme si elle eût voulu faire valoir sa tournure.

Son enseignement était divisé en deux parties. La première consistait en une espèce de conférence, où elle racontait les origines et l'histoire de la musique, en développait la théorie, en expliquait les principes. Ce discours, qui s'adressait plutôt aux élèves de dix-huit ans, qu'aux petites comme moi, je le suivais cependant sans en perdre un mot, et la sœur Fulgence était certainement éloquente, car sa parole me communiquait son enthousiasme et m'ouvrait tout un monde magnifique.

Malheureusement, la seconde partie de l'enseignement n'était pas à la hauteur de la première : assise devant le piano, je ne savais plus du tout ce que le professeur voulait de moi. Sa façon d'enseigner me rappelait assez la manière dont j'apprenais à lire a ma camarade de Montrouge : Nini Rigolet ; elle me disait : « Jouer », tandis que je n'avais aucune notion, ni d'exécution, ni de lecture musicale. Le morceau qu'elle plaçait sur le pupitre, n'eût pas été facile, même pour une élève déjà forte c'était une pièce de concert intitulée : *La Ronde des Porcherons*, et pour moi, naturellement, absolument indéchiffrable. Il y avait aussi une polka, hérissée de dièzes : *Fleur des champs et fleur des salons*, qui m'intéressait davantage, à cause de l'image gravée sur la couverture, mais je ne voyais pas plus loin.

la sœur Fulgence insistait. Après avoir résisté longtemps, je me mettais à taper, au hasard, sur le clavier et à donner même des coups de pied dans la caisse. La leçon finissait mal. La maîtresse, qui avait sa méthode à elle, pour enseigner, avait aussi une façon spéciale de châtier, et là, les exemptions n'avaient pas cours.

Dans une terrine, à demi pleine d'eau et de vinaigre, trempaient des verges menaçantes. La sœur Fulgence les saisissait, vous faisait mettre à genoux, troussait vos jupes et vous fouettait d'une main alerte. Après la leçon, sûre de ne pas l'échapper, j'allais moi-même dans la chambre des exécutions et je me mettais en posture.

Je fis un jour à la « professeuse » cette proposition ingénieuse : « Ne pas prendre de leçon et être fouettée tout de suite » puisque l'issue était fatale, cela éviterait, à elle, la peine, à moi, l'ennui. D'un air à la fois furieux et rieur, la sœur Fulgence me répondit

— Non, mademoiselle, vous prendrez d'abord votre leçon, et vous serez fouettée, ensuite.

Après deux ans de ce régime, j'étais parvenue à jouer une ligne de la polka :*Fleur des champs et fleurs des salons*, et une ligne et demie de : *La Ronde des Porcherons*, mais j'avais la musique en horreur !

Chapitre XLV

Le bulletin qui tenait l'état de ma conduite et que l'on remettait chaque mois à ma famille, portait, invariablement : — *Religion :* — *aucune.*

Judith Gautier

Chose très singulière, dans ce milieu, sous ces influences, malgré mon imagination très vive, le mysticisme n'avait aucune prise sur moi. J'avais bien, tout d'abord, écouté attentivement l'histoire religieuse ; la toute-puissance, les grâces accordées, à qui les demandait d'un cœur fervent et en ayant la foi, m'intéressaient surtout, mais, au point de vue pratique. J'adressai plusieurs lettres à la Vierge et aux saints, pour leur demander différentes choses — entre autres du chocolat — ayant été sage dans le but de les obtenir. Les réponses n'étant pas venues, j'avais, du coup, perdu la foi. Je dormais tout le long de la messe, chaque matin, sous l'œil compatissant de la bonne sœur Dodo ; et, ledimanche, aux offices, je n'étais occupée qu'à tâcher de voir dans l'église publique et à communiquer mes réflexions à Catherine, qui n'osait pas rire et tremblait toujours de mes audaces.

On faisait cependant, pour l'édification des petites, un catéchisme spécial, qui avait lieu les jeudis. À cet effet, des bancs étaient rangés dans le chœur des religieuses et cela nous amusait d'être en ce lieu sacré, si sévèrement interdit d'ordinaire.

Le prêtre, en surplis blanc, s'asseyait contre le grillage, dans l'église publique, il nous apparaissait par le carré ouvert ; sa tête, et ses bras gesticulant, débordant de notre côté.

Il ne me semble pas que ce vieil abbé, jovial et rieur, prenait sa mission très au sérieux ; il nous racontait des histoires, le plus souvent comiques, et je n'ai retenu, de son enseignement, qu'une seule recommandation et des plus extraordinaires, faite surtout à des petites filles de huit à dix ans :

« Lorsque l'on joue une partie de dames avec une dame, nous dit-il un jour, il faut toujours lui laisser prendre les pions noirs, parce qu'ils font ressortir la blancheur de ses mains ».

Depuis lors, je me suis religieusement conformée à cette loi, c'est-à-dire que j'ai toujours accaparé les pions noirs.

C'était ce même prêtre qui confessait toute la communauté, les élèves, et jusqu'aux pécheresses de huit ans. Il n'avait pas besoin pour cela de pénétrer dans le couvent : le confessionnal était, comme l'église, partagé en deux par une grille et il ne communiquait pas autrement.

Quand c'était mon tour de confesser mes péchés, je mettais mon orgueil à en avoir beaucoup et de très damnables, et comme en somme, mon examen de conscience ne m'en fournissait que d'assez piètres, j'en inventais de plus importants. On m'avait appris que l'on péchait en pensée, aussi bien qu'en action, et puisque j'imaginais des fautes, j'en étais donc vraiment coupable.

Ce n'était guère l'avis du brave confesseur, qui, au récit de mes méfaits, avait des pouffements contenus, qui jaillissaient, parfois, en gloussements si drôles, que je me mettais à rire aussi, et nous arrivions à de tels éclats, que la sœur Marie-Jésus, qui était sacristine, prenait sur elle d'ouvrir brusquement la porte du confessionnal et de m'en faire sortir, en murmurant, pâle de colère :

— Cette petite-là est tellement pervertie, qu'elle est capable de causer la perdition, même d'un prêtre !...

Était-ce donc, alors, comme brebis égarée, qu'on cherche à reprendre par des cajoleries, qu'on me gâtait, cependant, plus qu'aucune autre ; avait-on l'idée de me conquérir à la vie monastique, pour laquelle je n'avais jamais donné aucun symptôme de vocation ? il est certain qu'on me traitait avec une indulgence spéciale.

Un jour, il y eut grande émotion dans le couvent, préparatifs de fête, tapis, guirlandes, fleurs effeuillées : l'archevêque de Paris venait visiter le couvent !

Il arriva en bel appareil, avec une suite nombreuse, et le cloître, si fermé d'ordinaire, se laissa fouler par les pas de beaucoup d'hommes.

Très curieuse de voir ce spectacle inusité, je m'étais faufilée au premier rang, en me cachant un peu, toutefois. Une des religieuses m'aperçut et, au lieu de me gronder, m'attira à elle et me poussa vers l'archevêque.

— Monseigneur, lui dit-elle, je vous présente l'espoir de la communauté.

Le prélat me tapota les joues en me félicitant ; mais j'ai toujours cherché, depuis, en quoi j'avais pu être, un seul instant, l'espoir de la communauté...

Judith Gautier

Chapitre XLVI

Un glas sinistre, qui tombe, lourdement, dans le silence. Les classes suspendues ; à la chapelle, les cierges allumés, toutes les sœurs en prière : la mère Sainte-Trinité est à l'agonie...

Une impression de terreur pèse sur nous. Dans la classe, muette, le front contre une des vitres, je regarde de l'autre côté, les fenêtres que je connais bien, de l'appartement où se passe cet événement horrible et solennel. Je cherche à m'imaginer tous les détails : la longue vieille figure, sans son voile noir, renversée sur l'oreiller, grimaçante et râlante ; et les sœurs autour du lit, et le prêtre, que l'on a vu passer, venant du dehors, et portant les saintes huiles.

Mais ce qui m'apparaît surtout, c'est le placard aux friandises, qu'elle ouvrait si complaisamment et qu'elle n'ouvrira plus. J'entends sur le bord du verre les petits chocs du flacon tenu par sa main incertaine, je retrouve l'intonation de sa voix : Du cassis comme on n'en boit pas ».

J'ai supplié qu'on ms laissât la voir une dernière fois : c'est impossible, elle ne parle plus, n'entend plus et ne m'apercevrait même pas. Alors je trépigne de colère contre cette inconnue implacable : la mort !...

Le matin, au dortoir, on nous éveille en nous touchant l'épaule, pour ne pas sonner la cloche. La mère Sainte-Trinité est morte dans la nuit.

La journée se passe, presque tout entière, dans la chapelle, autour du catafalque, dressé au milieu du chœur et tout illuminé de cierges. La nuit, quelques-unes des grandes, les plus pieuses, obtiennent la faveur de veiller la morte, avec les religieuses.

Et, le lendemain, pour la première fois depuis mon arrivée, la porte cochère s'ouvre toute grande, devant le corbillard qui vient du dehors. Les chevaux piaffent sur les pavés de notre cour et les bottes noires du cocher luisent. Je comprends alors la fonction de cette porte, toujours close et voilée d'un crêpe de poussière ; elle ne s'ouvre que pour laisser sortir les mortes...

C'est toujours un chagrin pour la communauté de voir ainsi rentrer, de force, dans le monde profane, la dépouille d'une d'elles, et un grief inapaisé, qu'il leur soit interdit de dormir l'éternel sommeil sous une dalle de l'église où elles ont prié toute leur vie.

On chuchote des histoires mystérieuses, d'inhumations clandestines, de saintes abbesses, dont les ossements miraculeux sont gardés dans des souterrains inconnus. On me montre même, en me faisant promettre de garder le secret, dans un reliquaire d'or, fermé d'une vitre de cristal, et posé sur un autel dans la sacristie, le cœur, desséché et noir, d'une religieuse d'autrefois, aimée entre toutes.

Chapitre XLVII

Il y avait, au couvent, une superbe novice, pleine de vie, de joie et de santé et dont la vocation religieuse prenait une exubérance passionnée, qui m'emplissait de surprise.

Grande, forte, les yeux lumineux, les joues colorées d'un sang riche, les lèvres charnues et rouges elle semblait faite, plus qu'aucune autre, pour la vie normale et tous les bonheurs naturels ; c'était le contraire d'une nonne, et l'idée qu'elle allait, sans y être forcée par rien, se murer dans cette tombe, me causait un très vif chagrin.

Toutes les fois que je pouvais la joindre, j'entreprenais de combattre sa résolution, par des discours véhéments. Elle discutait volontiers, en riant de toutes ses dents éclatantes, en repoussant, sous le bandeau, ses beaux cheveux noirs, qui débordaient toujours, malgré elle. Je la suppliais, quand j'étais à bout d'arguments, je la menaçais des regrets terribles qui lui viendraient plus tard, alors qu'il ne serait plus temps. Les autres n'étaient pas entrées aussi jeunes, et puis les laides, ça ne faisait rien, le monde aurait été sans doute méchant pour elles, tandis qu'une belle comme elle, c'était un crime.

Elle riait, sûre de son bonheur, fière de se donner à Dieu, sans avoir eu ni déceptions ni tristesses, et à mesure que le jour de sa prise d'habit approchait, sa joie rayonnait de plus en plus.

J'assistai, sans en rien perdre, à cette cérémonie, à ce cruel spectacle, dont tous les détails se sont gravés dans mon souvenir, assez nettement pour qu'il me fût facile, bien des années plus tard, de donner à mon père, lorsqu'il composa son roman de *Spirite*, tous les renseignements qui lui étaient nécessaires pour la prise de voile de son héroïne.

Il voulut d'ailleurs choisir ce couvent, où j'avais vécu, loin de lui, et un peu contre sa volonté, pour y enfermer la jeune fille déçue par l'amour, de son œuvre ; il en donna même, d'après mes indications, une description assez développée, dans le livre.

On se souvient de cette page que Spirite dicte à Guy de Malivert :

« Le couvent des sœurs de la Miséricorde n'est pas un de ces cloîtres romantiques comme les mondains en imagineraient pour abriter un désespoir d'amour. Point d'arcades en ogive, de colonnettes festonnées de lierre, de rayon de lune pénétrant par le trèfle d'une rosace brisée et jetant sa lueur sur l'inscription d'une tombe. Point de chapelle aux vitraux diaprés, aux piliers fuselés, aux clefs de voûtes découpées à jour, excellent motif de décoration ou de diorama. La religiosité que cherche à soutenir le christianisme par son côté pittoresque et poétique n'y trouverait aucun thème à descriptions dans le genre de Chateaubriand. La bâtisse en est moderne et n'offre pas le moindre recoin obscur pour loger une légende. Rien n'y amuse les yeux ; aucun ornement, aucune fantaisie d'art, ni peinture, ni sculpture ; ce ne sont que lignes sèches et rigides. Une clarté blanche illumine comme un jour d'hiver la pâleur des longs couloirs, aux parois coupées par les portes symétriques des cellules, et glace d'une lumière frisante les planchers luisants. Partout règne une sévérité morne, insouciante du beau et ne songeant pas à revêtir l'idée d'une forme. Cette architecture maussade a l'avantage de ne pas distraire les âmes qui doivent être abîmées en Dieu. Aux fenêtres, placées haut, des barreaux de fer se croisent serrés, et par leurs noirs quadrilles ne laissent du dehors entrevoir que le ciel bleu ou gris. On est là au milieu d'une forteresse élevée contre les embûches du monde. La solidité de la clôture suffit. La beauté serait superflue.

« Elle même, la chapelle ne se livre qu'à moitié aux dévotions des fidèles extérieurs. Une grande grille montant du sol à la voûte et garnie d'épais rideaux s'interpose comme la herse d'une place de guerre entre l'église et le chœur réservé aux religieuses. Des stalles de bois aux sobres moulures et lustrées par le frottement, le garnissent de chaque côté. Au fond, vers le milieu, sont placés trois sièges pour la supérieure et ses deux assistantes. C'est là que les sœurs viennent entendre l'office divin, le voile baissé et traînant leur longue robe noire sur laquelle se dessine une large bande d'étoffe blanche semblable à la croix d'un drap funèbre dont on aurait retranché les bras. De la tribune à treillis où se tiennent les novices, je les regardais saluer la supérieure et l'autel, s'agenouiller, se prosterner, s'engloutir dans leurs stalles changées en prie-Dieu. À l'élévation, le rideau s'entr'ouvre à demi et permet d'entrevoir le prêtre consommant le saint sacrifice à l'autel placé en face du chœur. »

Et plus loin, lorsque Spirite prononce ses vœux, tous les détails qu'il donne sont ceux-là mêmes qui m'avaient si vivement impressionnée à la prise d'habit de la sœur Sainte-Barbe.

J'y assistai de la sacristie, située au fond du chœur à droite et je ne sais pas pour quelle raison je jouissais de cette faveur unique ; peut-être la récipiendaire, à qui on ne refuse rien ce jour-là, avait-elle voulu que sa petite amie fût tout près d'elle, et pût se convaincre que, devant l'épreuve suprême, l'enthousiasme de la nouvelle élue ne fléchissait pas.

Je la vis revêtir le costume somptueux et un peu théâtral, dans lequel elle devait abjurer les vanités du monde. On ouvrit l'écrin où dormait le collier de fausses perles ; on posa, au-dessus du voile pailleté d'or une couronne fleuronnée de pierres rouges et vertes, et au bruissement de sa longue robe de brocard pourpre, elle fit son entrée dans le chœur, où toute la communauté était rangée, debout devant les stalles.

Au milieu d'un tapis, des coussins de soie et un prie-Dieu de velours étaient disposés pour elle ; d'un pas solennel, entre deux assistantes, elle s'y rendit, accompagnée des grondements de l'orgue, s'agenouilla, toute rayonnante dans ses atours, et écouta l'office.

Quand le moment fut venu, elle prononça d'une voix ferme et sonore les paroles qui la liaient à jamais. Elle arracha avec violence le collier de perles, repoussa les coussins, jeta loin d'elle la couronne et cria presque : « Je renonce à Satan, à ses pompes, et à ses œuvres. »

Judith Gautier

On la ramena dans la sacristie, pour la dépouiller de sa toilette mondaine, ses lourds cheveux noirs roulèrent jusqu'à ses reins et j'aperçus, dans les mains d'une sœur, de grands ciseaux luisants, qui disparurent, en grinçant, sous les mèches épaisses. Quand je compris qu'on allait couper ces beaux cheveux, je me mis à crier et à pleurer, et je me jetai sur la sœur pour l'empêcher de continuer. Une autre me retint. Les éclats de l'orgue et des chants liturgiques couvrirent ma voix.

Je fus frappée de l'expression extatique de la victime : ses prunelles disparaissaient presque des globes bleuâtres de ses yeux levés, un sourire ravi laissait voir ses dents, entre ses lèvres qui chuchotaient des prières, tandis que, maladroitement, on massacrait sa chevelure, qui s'envolait autour d'elle sous la morsure des ciseaux et tombait, légèrement, comme des plumes, à mesure que sa tête se hérissait et devenait ressemblante à une tête de garçon. Tout disparut sous le serre-tête et le bandeau blanc, qui eurent peine à contenir cet ébouriffement rebelle.

On lui fit endosser la robe de bure et l'étole blanche ; puis on la reconduisit dans le chœur, où elle se prosterna, la face contre terre ; on jeta alors sur elle un drap funèbre qui la recouvrit complètement et on chanta l'office des morts, sur celle qui était morte au monde.

Mais j'étais trop bouleversée par la scène de la sacristie, je ne voulus pas regarder jusqu'à la fin ; je m'en allai toute seule, dans le préau, où les chants lugubres m'arrivaient encore. J'étais consternée et révoltée ; fâchée aussi contre cette sœur Sainte-Barbe, qui me paraissait folle, car je cherchais en vain à comprendre pourquoi elle avait dû laisser détruire une parure naturelle, et devenir laide, de belle qu'elle était, pour plaire & Celui qu'elle disait être son créateur.

Chapitre XLVIII

Pendant les grandes vacances, je me retrouvais à Montrouge, où rien n'était changé ; mais il me fallait quelque temps pour me reprendre ; il me semblait que moi, je n'étais plus la même. Je ne perdais pas tout de suite l'habitude de la contrainte, du silence, des longues heures d'immobilité. Catherine me manquait ; nous étions si bien accoutumées à nous serrer l'une contre l'autre, à nous comprendre à demi-mot, à être toujours deux contre les attaques. Nini Rigolet me paraissait vulgaire, et j'en voulais à la vieille Catherine, celle qui me conduisait jadis chez Mlle Lavenue, de porter le même nom que mon amie.

On était surpris de me voir si taciturne, dans ce milieu triste, où on attendait ma venue pour retrouver un peu de gaîté !

— Tu ne fais donc plus ton sabbat ? demandaient les tantes.

— Hé ! hé ! disait, le grand-père, les nonnes sont venues à bout de la diablesse ; il n'est plus question de Chabraque, et l'Ouragan se calme.

— Elles l'ont rendue sournoise, disait tante Zoé.

Et tante Lili approuvait de la tête.

Mais cela ne durait pas. J'allais revoir tous les coins familiers, toutes les figures connues ; je m'essayais à regrimper dans le catalpa, dans les abricotiers des vergers, je risquais quelques galopades à travers la prairie, et, bientôt comme un drapeau longtemps roulé qui se défripe, je recommençais à flotter gaîment, à faire fête à l'air libre.

Je revis le bon curé de Montrouge, qui avait une communication à me faire. Après de patientes recherches, il avait fini par découvrir une « Sainte Judith ». Cela le taquinait de me voir porter un nom, qui n'avait pas de date dans le calendrier ; depuis longtemps, il fouillait le Martyrologe et il était très fier d'avoir retrouvé cette sainte Judith, vierge et martyre, dont la fête tombe le 5 mai. Il avait même fait la trouvaille d'une petite image, bordée de dentelle, qui la représentait. Il la conservait entre les feuillets de son bréviaire et me la donna. Bien des années je l'ai gardée, à cause de lui, dévotement.

Quelques nouvelles connaissances fréquentaient la maison de la route de Châtillon, entre autres une vieille demoiselle, qui venait on ne sait d'où, mais me parut, à moi, venir du fond du passé.

Elle s'appelait Mlle du Médic — je crus entendre d'abord du Midi.
— Surannée et solennelle, tout en elle était d'ailleurs et d'autrefois. Maigre, grande, d'une suprême distinction, les cheveux du même blanc que son teint, et soigneusement disposés en bouclettes, sous un chapeau d'une forme inusitée ; toujours vêtue d'une robe

Judith Gautier

claire, avec un mantelet de soie changeante, bordé de dentelle, ses longues mains voilées de mitaines en filet blanc. Elle embaumait la frangipane et marchait d'un pas cadencé et pompeux, comme si elle eût fait son entrée à la Cour. Sa levrette Flox, avait l'air d'être en porcelaine ; timide et maniérée, elle retirait ses pattes, aussitôt posées, comme si le parquet l'eût brûlée.

Après des politesses chuchotées et des ébauches de révérences, Mlle du Médic s'asseyait et ouvrait un joli sac garni d'acier, pour y prendre son ouvrage ; elle faisait du filet et parlait d'une voix mystérieuse, tandis que courait sa navette d'ivoire.

Je ne me lassais pas de la regarder et de l'écouter et j'entrevoyais, à propos d'elle, d'imprécises histoires, que j'aurais voulu mieux connaître.

Ce besoin de découvrir le passé et l'attrait qu'il exerçait sur mon imagination, s'affirmait de plus en plus. Tout ce qui était ancien m'attirait et me retenait des heures en contemplation. Je voulais maintenant des histoires très vieilles ; je questionnais sur les origines de ma famille.

Mais les renseignements que j'obtenais étaient très décousus. Les tantes ne parlaient que par lambeaux de phrases, par sous-entendus énigmatiques, et leurs narrations manquaient d'ordre.

Avignon était le pays d'origine, là, où la bonne tante Mion était seule, aujourd'hui, à représenter la famille des Gautier d'Avençon, qui avaient tenu jadis une place importante. Grand-père parlait des papes et du palais formidable, toujours debout ; du poète Pétrarque et des délicieux souvenirs de ses promenades sentimentales à la fontaine de Vaucluse.

La fontaine de Vaucluse ! je la connaissais, je la savais même par cœur, et elle m'avait fait bien souvent rêver. Je la contemplais tous les soirs, avant de m'endormir, et tous les matins en m'éveillant, car, dans la chambre des tantes, une belle gravure encadrée la représentait. Au milieu d'un paysage nébuleux, onvoyait, d'une vasque pareille à une coupe géante, l'eau ruisseler en débordant ; un jeune homme et une jeune fille accouraient pleins d'impatience et tendaient leurs lèvres avidement ; des petits anges voltigeaient au-dessus de la coupe et semblaient les inviter à boire. Je ne tarissais pas de questions sur cette fontaine ; sur ces deux personnages si

Chapitre XLVIII

jolis, qui avaient l'air si altérés et si heureux. « Est-ce que Vaucluse était loin de chez la tante Mion ? — Est-ce qu'elle avait bu de cette eau ? — Fallait-il être habillé comme cela, avec une tunique courte et les jambes nues ? — Quand me conduirait-on à cette fontaine ? » Et en m'endormant, j'entendais longtemps le murmure de l'eau.

Ce n'est que bien longtemps plus tard que j'ai découvert que l'on m'avait trompée, que ce tableau ne représentait pas la fontaine de Vaucluse, mais la *Fontaine d'Amour*, chose impossible à révéler à une petite fille !... Je n'ai jamais pu séparer de ce souvenir, le chef d'oeuvre de Fragonard ; j'ai beau savoir, maintenant, la vérité, il reste toujours pour moi, la fontaine de Vaucluse.

Tante Zoé me dit un jour, tandis que l'aïeul somnolait dans son fauteuil :

— Tel que tu le vois, ton grand-père est un héros.

— Un héros ?... Qu'est-ce qu'il a fait ?

— Pendant la Révolution...

— Laisse-la donc tranquille ! s'écria le grand-père, en s'éveillant, est-ce qu'elle sait ce que c'est que la Révolution ? Elle n'en est encore qu'aux rois fainéants.

— Si, si, je veux savoir ce qu'a fait grand-père !...

— Pendant la Révolution, reprit tante Zoé..., la Révolution c'est des bandits qui coupaient la tête à tout le monde.

— Surtout aux nobles et aux prêtres, ajouta tante Lili.

— Sans compter les rois et les reines... enfin tu sauras cela plus tard... ton grand-père qui était ami des nobles et noble lui-même, fut arrêté pour cela, et enfermé, avec beaucoup d'autres, dans une prison d'Avignon, où ils attendaient tous qu'on vienne les chercher pour leur couper le cou. Il y avait des prêtres et beaucoup des plus importants châtelains du pays. Papa, qui était alors un tout jeune homme, eut l'idée de sauver ses compagnons et de se sauver lui-même. Mais ça n'était pas facile. Après avoir beaucoup cherché, il trouva un moyen bizarre... et pas très propre...

Tante Lili ferma ses tout petits yeux et tortilla sa bouche, trop grande, en un rire.

— Ça valait mieux que la guillotine, dit-elle.

— Enfin, conclut tante Zoé, après un travail terrible, pour leur

Judith Gautier

frayer un chemin, il les fit évader… par les commodités… et ne sortit lui-même, que lorsque tous les prisonniers furent dehors. Ils se cachèrent si bien, qu'on ne put les reprendre, et personne n'eut le cou coupé.

— C'est vrai, grand-père, tu as fait cela ?

— Ma foi, il y a si longtemps qu'il ne me semble plus que c'est à moi que c'est arrivé. Pourtant je revois toujours la scène, comme si j'y étais. Il y eut surtout un certain abbé, corpulent et peu agile, qui ne pouvait passer. On le tirait par les pieds… il manqua de faire tout échouer… plutôt que d'en abandonner un seul, aucun ne serait parti… on n'oublie pas un pareil quart d'heure.

— On t'a donné la croix, au moins pour cela ? demandai-je.

— Ah bien oui ! tu ne connais pas le pèlerin, s'écria tante Zoé, quand les Bourbons sont revenus, il a refusé toutes les faveurs.

— Cela lui suffisait d'avoir été un héros, dit tante Lili, il a bien fait.

— Allons, assez ! grogna le grand-père qui avait une quinte de toux, le héros est à présent un vieux catarrheux. Passe-moi ma boîte de pâte pectorale.

Chapitre XLIX

Plus réfléchie, moins enragée de gaminage, je restais maintenant plus volontiers à la maison, j'étais même capable de m'immobiliser en compagnie d'un livre. La bibliothèque du grand-père était toujours fermée à clef et il ne m'était permis que de regarder, à travers la vitre, les rangées de dos et les titres. Hors de cette citadelle impénétrable, quelques volumes traînaient sur des guéridons, comme objets d'ornement, à cause de leurs reliures et des gravures qui les illustraient. On me permettait de regarder les images, sans me défendre de lire le texte, pensant bien qu'il était trop fort pour moi et que je n'en lirais pas long. L'un de ces livres, à couverture violette gaufrée d'or, était le *Werther* de Gœthe, illustré par Tony Johannot.

Charlotte, distribuant des tartines, auprès d'un clavecin, à de jolis enfants qui semblaient vouloir la prendre d'assaut, fut naturellement la scène reproduite qui m'intrigua le plus ; je cherchais le passage qui l'expliquait, mais ce n'était pas bien clair et je dus lire beaucoup tout autour.

Une autre image, dont la légende était : « *Elle posa sa main sur la mienne et dit : Ô Klopstock !* » resta pour moi impénétrable. Le coup de pistolet m'inquiétait beaucoup et j'aurais bien voulu savoir ; je n'avais cependant pas le courage de lire toute l'histoire, vraiment bien compacte et ténébreuse. Je lisais d'un bout à l'autre, par exemple, les *Contes* de Charles Nodier, illustrés par le même artiste, et l'un d'eux surtout, peut-être parce qu'il se passe dans un couvent, me fit une impression très vive. C'est celui intitulé *La Sacristine* : une sœur, si pieuse, que la Vierge lui a accordé cette faveur miraculeuse : guérir les malades en les touchant. Un blessé, sauvé par elle ainsi, s'éprend de la jeune religieuse et la séduit, il veut l'enlever, et en pleurant, elle abandonne l'autel de la Vierge, qu'elle a toujours desservi avec tant de dévotion, se dérobe à ses malades, s'enfuit du couvent. Un an après, délaissée et repentante, elle revient, et elle croit rêver, en se voyant elle-même occupée à parer la chapelle. Personne ne connaît sa faute, personne ne sait qu'elle a fui ; pendant son absence, la Vierge a tenu sa place et fait son office ; maintenant, toute lumineuse, elle remonte sur l'autel, et reprend son geste, qui bénit et pardonne. Ce délicieux conte, que Nodier avait pris dans la légende dorée, m'était resté si net dans la mémoire, que sans jamais l'avoir relu, j'ai pu, il y a quelques années, le prendre pour thème d'un livret d'opéra…

Cependant le livre sur lequel je m'acharnais le plus était le vieux poème, en d'innombrables vers, de Guillaume de Loris : *Le Roman de la Rose*. On voulait toujours me le reprendre.

— Laisse cela, disait tante Lili, c'est un livre infâme, pas du tout pour les petites filles.

— Qu'est-ce que tu veux qu'elle y comprenne ? reprenait tante Zoé, c'est comme si elle lisait du turc, ça la fait tenir tranquille, et puisqu'il n'y a pas d'images…

Ces propos me donnaient encore plus envie de déchiffrer le grimoire. J'y prenais une peine incroyable et, à travers le vieux français, il me semblait m'enfoncer dans des broussailles inextricables. Je ne reculais pas pourtant, le mystère dont l'histoire restait enveloppée la rendait plus attrayante, et je finissais par

Judith Gautier

en saisir le fil : Dame Oyseuse et le château de Déduyt, où elle introduit un jeune pèlerin, qui est reçu par Bel-Accueil et par Doux-Regard. Le parterre de roses, défendu par une haie piquante, vers lequel le jeune homme s'élance pour cueillir un frais bouton ; mais l'audacieux reçoit une flèche, décochée par l'Amour, et tombe sans avoir pu saisir la fleur. Il est contraint de donner son cœur en gage, à l'Amour, qui l'enferme dans un coffre, à triple tour de clef. Ah ! je ne comprenais pas ! Je grillais d'envie d'aller redire le conte aux tantes incrédules, mais je jugeais plus malin de me taire et de faire la bête, afin qu'on ne me reprit pas le livre.

Chapitre L

— Sans t'en douter, tu es une ingrate, car tu dois la vie à une prise de tabac...

C'est tante Zoé qui me fait cette bizarre déclaration, tandis que je me débats, parce que je ne veux pas qu'elle m'embrasse. Elle a pris la mauvaise habitude de priser et j'ai déjà reçu du tabac dans les yeux, ça fait trop mal.

— C'est comme je te le dis... demande à ta tante.

Lili, qui n'a pas compris tout de suite, pouffe silencieusement et reprend sa couture.

— Tu vas voir si ce n'est pas la vérité. Ton père, il avait alors une douzaine d'années, fut très malade, quelque chose de terrible, comme le croup. Maman était aux cent coups et fit venir les meilleurs médecins, qui y perdirent leur latin ; l'enfant étouffait, on le crut mort et même on lui jeta le drap sur la tête. Heureusement, une vieille dame de la maison, qui prisait comme moi, voulut le voir et puisque tout était perdu, essayer d'un remède à elle. Ouvrant sa tabatière, elle lui bourra le nez de tabac. Après un instant, voilà que celui que l'on croyait mort, fait un mouvement, puis se met à éternuer, à tousser, en inondant son lit de sang et d'humeur... Il était sauvé... C'est la vérité pure... demande à ton grand-père. Tu vois bien que sans le tabac, tu ne serais pas là, à me regarder, d'un air ébahi, avec tes yeux jaunes, et que tu dois la vie à une prise...

Et, ayant dit, elle renifla, de ses larges narines, une pincée de poudre noire.

Chapitre LI

Une fois, en ouvrant le secrétaire, pour y ranger des quittances, tante Lili, remuant des papiers, en tira un parchemin, qu'elle me montra, sur lequel était peint un blason.

— Toi qui fais tant de questions sur nos ancêtres, regarde cela, me dit-elle, ce sont les titres et les armes des Gautier. Le grand-oncle de papa était argentier de Louis XV, et il fut anobli, pour les grands services qu'il rendit dans des moments difficiles. Tu vois, il faut lire comme cela : D'azur, au chevron d'or, accompagné de trois soucis de même. Et la devise est : *D'or j'ai soucis »*, ce qui signifie que le trésorier n'était préoccupé que de l'or qu'il gardait. Surtout ne vas pas dire à grand-père que je t'ai montré cela ; il ne veut pas qu'on en parle, pas plus qu'il ne porte le nom de d'Avençon. Peut-être trouve-t-il que dans sa position de fortune, il vaut mieux paraître un simple roturier... ou bien il ne veut pas, parce qu'il ne veut pas ; tu sais qu'il n'est pas toujours commode, donc :*motus !*

Il devenait de jour en jour plus exigeant et plus quinteux, le grand-père ; il endurait mal l'altération de sa santé, causée, disait-on par une grave imprudence. Dans un récent voyage, il avait fait un long trajet, la nuit, sur l'impériale d'une diligence, vêtu d'un pantalon et d'une veste de nankin ; il avait pris une fluxion de poitrine, dont il s'était mal guéri.

— Il se croit toujours un jeune homme et ne veut rien entendre, disaient ses filles, parce que son père, qui était un colosse, est mort à plus de cent ans, il s'imagine que rien ne peut l'atteindre. En attendant, il tousse jour et nuit et nous n'avons plus de repos.

Chapitre LII

À la rentrée, je trouvai, au couvent, une nouvelle novice qui était chargée de surveiller les études de piano, pour soulager un peu la sœur Fulgence.

Deux fois par semaine, je me remis à recevoir, stoïquement, le fouet, appliqué à l'aide des verges trempées dans le vinaigre, et la *Ronde des Porcherons* n'en tourna pas mieux.

Judith Gautier

Quand j'étais censée étudier seule, je me livrais à différentes fantaisies, pour rompre un peu la monotonie des gammes. Par exemple, je me couchais à plat ventre sur le piano (c'était toujours un piano plat et carré) et penchée vers le clavier, je jouais à l'envers, trouvant cela plus compliqué et plus amusant. J'avais été surprise au cours de cette innovation, et l'on jugeait prudent de m'adjoindre une surveillante.

Cette novice, qu'on appelait sœur Anaïs, ne devait pas avoir beaucoup plus de seize ans, et on ne s'expliquait pas comment, si jeune et si rapidement, elle était novice. Petite, potelée, très brune avec le teint blanc et mat, elle était jolie, malgré un regard extraordinairement dur et un visage dédaigneux, comme crispé. Elle ne parlait presque pas, et on nous disait que c'était par timidité.

Un jour, qu'elle était assise auprès de moi, tandis que, les mains inertes sur le clavier, je méditais, de plus en plus perplexe, devant la *Ronde des Porcherons*, je fus étonnée du silence prolongé de ma surveillante et je crus qu'elle s'était endormie.

Brusquement, je me retournai. Je vis alors qu'elle regardait fixement le sol, sans rien voir, et que son visage était inondé de larmes, avec une effrayante expression de désespoir.

— Oh ! qu'est-ce qu'on vous a fait, pour que vous pleuriez comme cela ?… m'écriai-je, en quittant ma place pour m'agenouiller devant elle et l'entourer de mes bras.

Elle voulut me repousser, mais les sanglots l'étouffaient et lui ôtaient toute force.

J'étais si bouleversée que j'avais envie de pleurer aussi.

— Je suis sûre qu'on veut vous faire religieuse par force…

— Ah ! cela, ils ne le peuvent pas, s'écria-t-elle, mais vivre ici pendant quatre ans, c'est impossible aussi !…

— Les premiers temps sont les plus durs, j'étais comme cela au commencement, il faut bien s'habituer un peu…

— Jamais ! jamais !…

— Alors, écrivez une lettre, lui dis-je tout bas, un jour de sortie, je pourrai, sans que personne le sache, la mettre à la poste.

— Écrire ! À qui ? Ceux du dehors sont pires encore que celles d'ici…

Chapitre LII

— On peut prévenir les gendarmes…

Elle essuya ses yeux brutalement, avec le coin du voile blanc, et me regarda, comme honteuse de s'être livrée à une si petite.

— Je sais ce que j'ai à faire, murmura-t-elle, c'est bien inutile de pleurer.

Elle me fit rasseoir devant le piano, et je dus reprendre l'étude de la *Ronde des Porcherons*.

Chapitre LIII

Je ne parlai qu'à ma chère Catherine, du chagrin terrible de sœur Anaïs, et très apitoyées, nous la suivions du regard. Nous remarquions que sa figure pâle se creusait, qu'elle maigrissait de jour en jour, et que ses yeux avaient quelquefois des éclats de colère effrayants. Nous cherchions à imaginer son histoire. Catherine croyait, sans doute d'après une aventure analogue qu'elle connaissait, que son père s'était remarié et qu'elle avait une belle-mère qui la détestait et l'enfermait au couvent, pour lui prendre sa fortune. En tous cas, ses parents étaient bien méchants et, une chose incroyable, jolie comme elle l'était, c'était qu'il n'y eût personne pour l'aimer et pour la défendre.

Elle venait rarement à la chapelle, et quand elle y paraissait, elle se tenait droite et immobile comme une statue et ne s'agenouillait jamais. On disait qu'elle refusait de se confesser et ne voulait pas communier. Quelquefois pourtant, elle tenait l'orgue : on entendait alors une musique peu ordinaire, qui roulait et grondait, ne s'arrêtait pas où il fallait, ne tenait compte de rien et désorganisait tout l'office.

Beaucoup de religieuses semblaient la fuir ; elle n'en recherchait aucune, et l'on restait des semaines sans apercevoir sa pâle figure, de plus en plus morne et navrante.

Quel contraste avec la sœur Sainte-Barbe, rayonnante de santé et de joie, sous son voile noir, et qui ne manquait jamais de me crier, quand je la rencontrais :

— Tu vois, comme je suis heureuse !…

Un matin, au moment où l'on entrait en classe, on entendit,

Judith Gautier

tout à coup, des cris effrayants, qui partaient de l'étage où était située l'infirmerie ; puis une fenêtre s'ouvrit, laissant passer des hurlements plus aigus encore et se referma brusquement, tandis que des vitres cassées tombaient dans la cour.

Maîtresses et élèves s'étaient précipitées dehors, dans l'angoisse et la surprise.

Après des intervalles de silence, les cris reprenaient, vraiment terribles. On vit sortir des religieuses, qui couraient vers la chapelle en se bouchant les oreilles.

Était-ce le feu ? On eût dit vraiment les hurlements d'un malheureux brûlé vif. Les mères, qui allaient aux renseignements, ne revenaient plus.

Catherine se serrait contre moi et nous tremblions de peur.

— On dirait qu'on tue quelqu'un ! me dit-elle tout bas.

La supérieure elle-même parut, et s'avança vers nous, à grands pas. C'était une personne dure et sèche, peu sympathique. Elle nous refoulait, d'un geste autoritaire.

— Rentrez, rentrez, mesdemoiselles, dit-elle, rentrez toutes et mettez-vous en prières : la sœur Anaïs se meurt. Tâchez de ne pas entendre ses cris et ses imprécations ; la malheureuse est folle ; au moment de paraître devant Dieu, elle profère d'épouvantables blasphèmes et des malédictions monstrueuses. Elle est possédée du démon. Priez Dieu qu'il la délivre et lui fasse miséricorde !…

— La sœur Anaïs se meurt !…

Si jeune, tout à coup, sans maladie ! J'étais persuadée, moi, qu'on l'égorgeait, et Catherine, qui le croyait aussi, me jetait des regards épouvantés.

C'était probablement un suicide, longuement médité, quelque poison corrosif, qui torturait horriblement.

Ces cris perçaient les murailles : tandis qu'agenouillées par terre, les coudes sur les bancs, nous essayions de suivre la prière que la mère Saint-Raphaël disait, en haussant la voix, le plus qu'elle pouvait, pour couvrir les cris ; mais nous les entendions, aussi aigus, aussi déchirants…

Il n'y eut ni glas, ni office ; le corps de la pauvre jeune fille fut emporté la nuit.

Chapitre LIII

On chuchota qu'elle était damnée, qu'elle avait reçu le prêtre à coups de pieds et craché sur l'hostie ; et il fut défendu, sous les punitions les plus sévères, de reparler jamais de la malheureuse sœur Anaïs.

Chapitre LIV

Les jours passèrent, monotones, prévus et réglés à l'avance, coupés seulement par quelques visites des tantes, qui m'apportaient des nonnettes de Tours, ou du chocolat.

Je me maintenais facilement à la première place de ma classe et j'avais toujours Catherine en face de moi. J'étudiais assez bien, mais capricieusement et seulement les choses qui m'intéressaient. Je m'étais passionnée pour un petit livre de classe, cartonné en beurre frais, intitulé : *Connaissances utiles*, qui contenait des éléments de géologie, d'astronomie et de physique. Au lieu d'apprendre la leçon donnée, je l'avais lu, tout de suite, d'un bout a l'autre, puis relu, et bientôt su par cœur. J'en aurais voulu un gros et plus détaillé, mais ce n'était pas le moment, me répondit-on, et je dus perdre mon temps à ne pas apprendre le calcul et la géographie, que j'avais spécialement en grippe.

Le jour de la sainte Catherine, il y avait fête au couvent. On m'amena ma sœur, afin qu'elle passât la journée avec moi et restât jusqu'au lendemain, pour profiter de ces réjouissances. Mais elle se trouva complètement dépaysée et effarée, au milieu de tous ces voiles noirs, de cette foule d'enfants criant et jacassant ; elle ne me laissait pas m'éloigner d'un pas et se cramponnait à moi avec une peur extrême d'être abandonnée et de se perdre dans cette cohue.

On avait permis à Catherine, pour qui c'était doublement fête, de revêtir ce jour-là son beau costume national, cramoisi et or, qui la faisait si belle. Moins timide maintenant, elle le portait avec plus de grâce, mais c'était en novembre, et elle grelottait un peu. Les réjouissances consistaient surtout à faire tout ce que l'on voulait, à se promener partout et à manger une quantité de gâteaux invraisemblable. Il y en avait à profusion, à discrétion et on ne mangeait rien autre de toute la journée.

Quelques indigestions monstres attristèrent les lendemains !

Judith Gautier

Chapitre LV

Une sœur, d'un air très grave, vint m'avertir, pendant la classe qu'on me demandait au parloir.

Étonnée de cette visite, à une heure qui n'était pas réglementaire, je partis en courant vers le tour, et quand je l'eus franchi, je m'élançai dans la cellule où on m'attendait ; mais je m'arrêtai, tout interdite, devant une personne que je ne connaissais pas. C'était une femme vêtue de noir et coiffée d'un bonnet noir.

— Mademoiselle, me dit-elle, je viens de Montrouge : ce sont mesdemoiselles vos tantes qui m'envoient : une triste nouvelle. Je suis chargée de vous apprendre que monsieur votre grand-père est mort.

— Mon grand père, mort !…

Ma première pensée fut celle-ci : « Il ne grondera plus », mais je ne pouvais pas me l'imaginer mort, je le voyais au contraire, bien vivant, et plus réellement qu'à l'ordinaire. J'entendais sa voix, sa tousserie, le choc de sa canne sur le plancher, quand il s'impatientait de n'être pas assez vite obéi.

— Ces pauvres demoiselles sont bien affligées, reprit la messagère, que dois-je leur dire de votre part ?

— Dites-leur qu'il ne faut pas avoir de chagrin…

Je n'en avais pas assez, moi, et je me rendais compte que c'était très mal. Mais comment faire ?…

La sœur Sainte-Madeleine vint m'offrir ses consolations. Elle m'enleva le ruban vert de ma classe, qui seul rompait le deuil du costume, et elle me conduisit à la chapelle, pour me faire faire une prière.

Le soir, au dortoir, je confiais à Catherine, très apitoyée, que j'avais eu plus de chagrin quand ma chèvre blanche était morte, et que la mère Sainte-Trinité m'avait causé plus de regrets, en trépassant.

— Il ne faut pas dire des choses comme cela, me souffla Catherine, on croirait que tu as mauvais cœur.

On ne vint pas me chercher pour l'enterrement ; je ne sus rien, et je fus sans aucune nouvelle, jusqu'au jour où les tantes vinrent me voir, en grand deuil. C'était la première fois, depuis bien longtemps, qu'elles pouvaient sortir toutes les deux à la fois.

Tante Zoé, dès qu'elle m'aperçut, se mit à sangloter à hauts cris et fit une scène dramatique, prenant le ciel à témoin qu'elle avait soigné son père avec tout te dévouement possible et qu'on ne pouvait rien lui reprocher... Puis elle se calma, et, tandis que tante Lili continuait à pleurer à petits gloussements plaintifs, elle me raconta les derniers moments : il ne voulait pas mourir et se débattait d'une façon terrible. Quand on le croyait déjà expirant, il s'était dressé, debout sur son lit, ses longues jambes maigres hors de sa chemise, luttant encore avec la mort, puis il était retombé, de tout son haut.

Elles me dirent aussi qu'elles voulaient quitter la route de Châtillon, qu'elles n'avaient pas le courage d'habiter, seules, dans cette maison.

— Lui mort, toi partie, disaient-elle, c'est trop de vides, tout de même, nous ne pourrions pas endurer cela.

Moi, j'eus le cœur serré à l'idée qu'on abandonnerait cette maison, que peut-être, je n'y retournerais plus... Et je fus longtemps hantée par la vision de ce combat contre la mort, du grand-père dressé sur son lit, laissant voir ses jambes amaigries, puis retombant, tout à coup, d'une pièce.

Chapitre LVI

Quelle surprise ! Voilà que l'on emballe mes affaires ! Sans préparation, sans dire pourquoi, on me retire du couvent. La nouvelle en tombe tout à coup...

La sœur Marie-Jésus, qui sait peut-être, pince les lèvres et reste impénétrable.

Qu'est ce que j'éprouve ?... Je ne sais pas bien..., en tout cas, ce n'est pas de la joie. Est-ce que je vais regretter ce couvent, auquel j'ai eu tant de peine à m'accoutumer ? Non, bien sûr, je déteste toujours la règle, les vilains murs gris, les grilles, cette vie sans initiative, où je n'ai pas cessé d'être une révoltée. Cependant, voilà près de deux ans que j'y suis et il a bien fallu m'accoutumer ; l'arbuste transplanté a refait quelques racines, c'est encore un arrachement. Et Catherine ?

Judith Gautier

Il est certain que, si elle venait avec moi, je ne sentirais plus les regrets et je danserais de plaisir, à l'idée de m'en aller. Mais elle ne vient pas et, au moment de la quitter, je sens encore plus combien je l'aime. Notre amitié était si sûre et si confiante ; mon effronterie protégeait sa timidité ; mais elle, plus âgée et plus sérieuse, me conseillait et me retenait, au bord des folies trop graves ; nous vivions si uniquement l'une avec l'autre, que, pour ma part, je n'ai retenu le nom d'aucune autre de nos compagnes…

Pauvre Catherine ! quelle solitude pour elle ! La laisser était encore pire que la quitter. Elle n'arrêtait pas de pleurer et de répéter :

— Qu'est-ce que je vais devenir sans toi ?

On lui permit de rester avec moi le dernier jour et elle m'accompagna, tandis que je faisais mes adieux, à toutes les religieuses que j'aimais, et à quelques-unes que je n'aimais pas.

Ma première visite fut pour la sœur Sainte-Madeleine, qui n'avait jamais cessé d'être ma protectrice et à qui j'avais écrit tant de folles lettres. Puis, ce fut la maîtresse de ma classe, la mère Saint-Raphaël, si bonne, malgré ses froncements de sourcils et ses terribles moustaches. Je montai ensuite vers l'appartement réservé à l'étrange musicienne qu'était la sœur Fulgence. De loin, nous entendions le son du piano. Elle devait être en train de composer ; sous les broussailles de ses sourcils, ses yeux fauves brillaient d'enthousiasme.

Elle regrettait beaucoup mon départ, car, disait-elle, j'avais de grandes dispositions pour la musique, déclaration qui manqua me faire pouffer de rire. Je lui rappelai les innombrables fessées au vinaigre, qui semblaient bien la démentir…

— C'est égal, dit-elle, encore quelques-unes et vous étiez dans la bonne voie.

Je vis la sœur Sainte-Barbe, toujours si florissante et si gaie. Elle s'attrista un instant à l'idée que j'allais affronter le monde et courir tous les risques de la vie ; tandis que sous le voile, on était si bien protégée, si à l'abri de tout.

— Nous pensions que vous resteriez au couvent et, qu'à la longue, la vocation vous viendrait, dit-elle.

Cette fois, je ne me retins pas de rire, c'était encore plus

Chapitre LVI

extraordinaire que mes dispositions pour la musique.

Après avoir embrassé la bonne sœur Dodo, si câlinante et si douce, je descendis à la cuisine, dire adieu à une des sœurs converses, pour laquelle j'avais une admiration spéciale, à cause de la façon dont elle enlevait, de ses bras robustes et en cambrant les reins, d'énormes marmites de cuivre. Je pus saluer du même coup les étranges personnes qu'on appelait les auxiliaires, qui, seules, communiquaient avec le dehors. Leurs longues pèlerines, leur bonnet bordé de ruches noires qui leur retombaient sur le nez, leur donnaient l'air de vieilles poules huppées. Elles s'étaient chargées, parfois, des commissions pour moi, lorsque j'avais quelques sous.

Je fis exprès de rendre en dernier la visite obligatoire à la supérieure ; elle me détestait et je ne pouvais pas la souffrir. Je lui en voulais, surtout depuis qu'elle m'avait infligé une punition, dont je n'avais jamais pu comprendre le motif. C'était un soir, où nous traversions la cour, en rangs, deux par deux, pour aller de la classe au réfectoire. Un vieux jardinier arrosait les pavés et un rayon de soleil tapait sur son arrosoir. En passant, attirée par ces gouttes brillantes, je fis un pas hors du rang et je passais ma main à travers la gerbe de pluie lumineuse. La supérieure sortait du jardin, à ce moment, voile baissé, à cause du vieux jardinier ; elle me vit, et ce geste bien innocent la mit hors d'elle-même. Elle déclara que c'était là le signe d'une dépravation précoce et qu'il fallait une punition exemplaire. J'avoue que j'ai souvent cherché à m'expliquer, depuis, sans y parvenir, comment elle avait vu là un signe de dépravation précoce !…

Notre entrevue fut courte et glaciale. Nous ne dissimulions, ni l'une ni l'autre, le plaisir que nous avions de nous séparer.

J'allai passer le temps qui me restait, dans le jardin des religieuses, sous cette treille sur laquelle je m'étais si bien cachée le soir de mon arrivée.

J'échangeais maintenant, avec Catherine, toutes sortes de promesses. Elle me donnait l'adresse de son correspondant à Paris, rue des Jeûneurs. C'est là que je pourrais la voir, les jours de sortie. Mais moi, il m'était impossible de lui dire où elle me trouverait, et j'étais humiliée qu'on pût ainsi disposer de moi, sans moi. Où allait-on me conduire encore ? Était-ce à Montrouge ? Pourvu que

Judith Gautier

ce ne fût pas chez ma grand'mère !…

À cinq heures, on m'appela. J'embrassai une dernière fois, et pour la dernière fois, ma chère Catherine…

C'étaient ma mère et ma sœur qui venaient me chercher. Elles paraissaient très pressées, et très contentes de m'emmener.

— Où est-ce que nous allons ? demandai-je, pendant que la voiture commençait à dégringoler péniblement la pente raide de la Montagne Sainte-Geneviève.

— Comment, où nous allons ? s'écria ma mère de sa voix sonore et grave, nous allons chez nous… et, maintenant, je l'espère bien, tu ne nous quitteras plus.

Chapitre LVII

Ce n'était plus rue Rougemont, que mes parents habitaient, mais rue de la Grange-Batelière, un appartement plus vaste, au cinquième encore, avec une belle terrasse, qui prenait de l'air par-dessus les bâtiments de l'Hôtel Drouot.

Aussitôt arrivée, ce qui me séduisit le plus, ce fut le moelleux des fauteuils. Ceux du salon étaient cependant des meubles Louis XIV, assez rigides, entre leurs moulures dorées, mais ils repoussaient bien loin, dans le dédain et l'oubli, les bancs étroits et secs du couvent. J'allai m'asseoir, successivement, sur tous les sièges, en caressant du bout des doigts les fleurs satinées du damas pourpre.

Mon père rentra, très impatient de me voir.

— Elle est là ? demanda-t-il dès la porte.

Il vint s'asseoir dans le salon et me prit entre ses genoux.

— Je suis joliment content que cette affaire soit close, dit-il. Et toi, es-tu contente d'être ici ?

— Je ne sais pas encore.

— C'est vrai, tu ne nous connais guère et nous avons beaucoup à nous faire pardonner…

— Je te connais, lui dis-je, tu es un monsieur qui fait des histoires et des fables.

— Des fables !...

— J'en sais, veux-tu que j'en récite une ?

— Voyons ?...

Très sûre de ma mémoire, sans embarras, je me suis mis à réciter d'une petite voix monotone :

LE CHANT DU GRILLON

Souffle, bise ! tombe à flots, pluie
Dans mon palais tout noir de suie
Je ris de la pluie et du vent :
En attendant que l'hiver fuie,
Je reste au coin du feu, rêvant.

La bouilloire rit et babille ;
La flamme aux pieds d'argent sautille,
Et, accompagnant ma chanson,
La bûche de duvet s'habille ;
La sève bout dans le tison.

Pendant la nuit et la journée,
Je chante sous la cheminée ;
Dans mon langage de grillon
J'ai, des rebuts de son ainée,
Souvent consolé Cendrillon.

— C'est mon pauvre cher père qui t'a appris cela, dit-il avec une tristesse dans les yeux. On dirait que tu mets une certaine malice à parler justement de Cendrillon... Eh bien, c'est moi qui te le promets, désormais, cher petit grillon, tu te chaufferas toujours les pattes à mon foyer.

Au dîner, je sus enfin pourquoi l'on m'avait retirée si brusquement du couvent. Mon père me l'expliqua tout simplement.

— Moi, je n'ai jamais été pour le couvent, dit-il, et voilà longtemps que cette affaire-là m'embêtait... Ta grand'mère et ta tante Carlotte

Judith Gautier

s'imaginèrent de s'occuper de toi, de ton éducation, de ton avenir, toutes choses parfaitement inutiles, puisque je suis là. Mais ta mère ne voulait pas les contrarier, trouvait que cette intervention pouvait t'être très utile et j'eus la faiblesse de te reprendre à mon père et à mes sœurs, que cela peinait beaucoup, pour te laisser fourrer dans cette boite grillée. Mais il parait que cela ne suffisait pas : notre société est pernicieuse, notre contact dépravant et, pour qu'on parvienne à faire de toi une personne tout à fait édifiante, une vraie sainte, nous devions, ta mère et moi, renoncer à toi, nous engager à ne jamais te revoir, à te considérer comme orpheline. — Ça, c'est une idée de la mère Grisi, qui en a beaucoup de cette force. — Tu penses comment fut accueillie cette ingénieuse proposition ? Je me suis mis en fureur et j'ai envoyé promener ces aimables personnes, comme j'avais, d'ailleurs, envie de le faire depuis longtemps. Ta mère, par extraordinaire, m'a approuvé, et Monstre Vert n'est pas fâché d'avoir quelqu'un avec qui jouer.

La fin du dîner fut égayée par un incident.

Depuis quelques jours, une nouvelle femme de chambre était entrée. C'était une jeune Alsacienne, qui parlait à peine le français, et était placée pour la première fois. Elle avait une bonne figure fraîche, le nez retroussé, de jolis yeux noirs, et s'appelait Marianne.

Craignant de manquer de pain, on lui dit d'aller vite en chercher un. Elle partit en courant et, après un temps assez long, revint, mais sans rien rapporter.

— Eh bien, où est-il, ce pain ? demanda ma mère.

— On l'apporte tout de suite.

Nous finissions le dessert, quand un bruit de pas lourds, compliqué de chocs sonores, arrêta la conversation, et un homme, coiffé d'une baignoire de cuivre, entra dans la salle à manger.

— Qu'est-ce que c'est que ça ? s'écria ma mère.

— C'est le pain, madame, répondit Marianne, où faut-il le mettre ?

Mais un fou rire seul lui répondit.

L'homme sous la cloche nous regardait ahuri ; il se tint les côtes, aussi, quand il eut compris. Marianne, elle, prit très mal la chose, elle éclata en sanglots, et on eut beaucoup de peine à la consoler.

Pendant que mon père prenait son café, en lisant un journal, ma

Chapitre LVII

sœur renversa sur la table une boite de dominos, en me disant

— Sais-tu jouer ?

La Tatitata m'avait appris, autrefois, mais, au couvent, j'avais à peu près oublié, cela ne m'empêcha pas de répondre sans hésiter :

— Bien sûr, que je sais.

Et nous nous absorbâmes dans une partie très fantaisiste.

Un coup de timbre nous interrompit, et, bientôt, un personnage, très singulier, entra, sans aucun bruit et en saluant de la tête. Il me fit l'effet d'un prêtre sans soutane.

C'était Charles Baudelaire.

— Ah voilà Baldelarius ! s'écria mon père, en tendant la main au nouveau venu.

Mon père a tracé ainsi son portrait.

« … Il avait les cheveux coupés très ras et du plus beau noir ; ces cheveux faisant des pointes régulières sur le front d'une éclatante blancheur, le coiffaient comme une espèce de casque sarrasin ; les yeux, couleur de tabac d'Espagne, avaient un regard spirituel, profond, et d'une pénétration peut-être un peu trop insistante, quant à la bouche, meublée de dents très blanches, elle abritait, sous une légère et soyeuse moustache ombrageant son contour, des sinuosités mobiles, voluptueuses et ironiques, comme les lèvres des figures peintes par Léonard de Vinci ; le nez fin et délicat, un peu arrondi aux narines palpitantes, semblait subodorer de vagues parfums lointains. Une fossette vigoureuse accentuait le menton comme le coup de pouce final du statuaire ; les joues soigneusement rasées, contrastaient par leur fleur bleuâtre que veloutait la poudre de riz, avec les nuances vermeilles des pommettes ; le cou d'une élégance et d'une blancheur féminines, apparaissait dégagé, partant d'un col de chemise rabattu et d'une étroite cravate en madras des Indes et à carreaux. Son vêtement consistait en un paletot d'une étoffe noire lustrée et brillante, un pantalon noisette, des bas blancs et des escarpins vernis, le tout méticuleusement propre et correct avec un cachet voulu de simplicité anglaise et comme l'intention de se séparer du genre artiste, à chapeau de feutre mou, à veste de velours, à vareuse rouge, à barbe prolixe et à crinière échevelée. Rien de trop frais, ni de trop voyant dans cette tenue rigoureuse.

Judith Gautier

Charles Baudelaire appartenait à ce dandysme sobre qui râpe ses habits avec du papier de verre pour leur ôter l'éclat endimanché et tout battant neuf si cher au philistin et si désagréable pour le vrai gentleman. Plus tard même, il rasa sa moustache, trouvant que c'était un reste de vieux chic pittoresque, qu'il était puéril et bourgeois de conserver... »

Déjà, il avait coupé cette moustache et c'est ce qui lui donnait pour moi l'air d'un prêtre. Je le regardais avec ces yeux écarquillés et fixes que j'avais devant toute chose nouvelle.

— Je te présente mon autre fille, dit mon père.

— Ah ! c'est ce mystérieux « *Ouragan* » dont on parle quelquefois et qu'on ne voit jamais ?... Tu l'as exécutée, à ce qu'il me semble, sur le modèle de ton rêve, car elle a l'air d'une petite fille grecque.

— Ma foi, je n'y pensais guère en la faisant, dit mon père en riant.

Baudelaire se tourna vers moi.

— Mademoiselle, me dit-il d'un air solennel, défiez-vous de ce nom d'Ouragan, je vous prédis que vous causerez des naufrages.

Là-dessus, il s'en alla, avec mon père, dans une autre pièce et ma mère nous emmena nous coucher, ma sœur et moi.

On avait dressé un petit lit pour moi dans la chambre de ma mère, où ma sœur avait le sien, que l'on plaçait, le soir, tout contre le grand.

Sous la lumière opaline et douce de la veilleuse, je m'endormis bientôt, la tête bourdonnante d'une journée si pleine d'événements.

Pour la première fois, j'eus, la nuit, une légère crise de somnambulisme. Ma mère, éveillée par le bruit, me vit me promenant dans la chambre, d'une allure bizarre, cherchant sur les tables en tâtonnant, ouvrant les tiroirs, avec les gestes lents et en regardant ailleurs.

Elle m'observa quelque temps, puis me dit, à voix basse pour ne pas éveiller ma sœur :

— Qu'est-ce que tu fais là ?...

— Je cherche le numéro six, répondis-je.

— Eh bien ! va te coucher, tu le trouveras plus tard !

J'allai me coucher sans répliquer et je ne bougeai plus. On me raconta cela à mon réveil, car je ne me souvenais de rien.

Chapitre LVIII

Je fus vite accoutumée à cette vie libre, animée et irrégulière, si différente de celle que je quittais. Ma mère allait souvent aux répétitions du Théâtre-Italien, et la gentille Marianne, au baragouin si drôle, était chargée de nous garder, ma sœur et moi. Mais mon père, qui terminait *Le Roman de la Momie*, restait à la maison et je me tenais le plus que je pouvais près de lui. Très curieux l'un de l'autre, nous faisions tout doucement connaissance. Il portait alors les cheveux très longs et soignait beaucoup sa barbe, très légère, qu'il avait laissé pousser, je crois, depuis peu de temps.

J'aimais beaucoup le son de sa voix, et sa façon de s'exprimer, qui me paraissait si extraordinaire. Je l'écoutais, en le regardant de tous mes yeux ; ces phrases tonnantes, ces mots excessifs, me faisaient croire, d'abord, qu'il était fâché ; puis, voyant qu'il souriait, je riais aussi, tant c'était amusant. Il ne cherchait pas du tout à prendre l'attitude d'un père solennel, qui veut en imposer à ses enfants et les tenir à distance respectueuse. Sa plus grande crainte, au contraire, était de voir ces jeunes esprits se fermer devant lui, dans une méfiance peureuse ; il voulait les pénétrer et les connaître à fond, devenir, autant que possible, le camarade de ses enfants. Mais pour cela, fallait-il encore qu'ils ne fussent pas trop petits, et, je crois qu'il n'a commencé à s'intéresser vraiment à nous, que quand nous existions déjà un peu par le cerveau.

L'appartement était vaste et commode ; cependant, il avait fallu se serrer un peu pour me faire place. Mon père renonça à son cabinet de travail dans lequel nous fûmes installées, ma sœur et moi. C'était une pièce étroite et longue, donnant sur la cour, à côté de la salle à manger.

Le salon avait trois portes-fenêtres, ouvrant sur la terrasse ; la chambre de ma mère était à gauche, celle de mon père à droite ; mais, quand j'arrivai à la maison, le salon était encombré par de grandes planches posées sur des tréteaux, qui barraient deux des fenêtres et sur lesquelles s'entassaient d'énormes volumes illustrés, dont mon père avait besoin pour ses études égyptiennes.

Judith Gautier

Malgré la difficulté du travail et les minutieuses recherches archéologiques, qu'exigeait presque chaque page, *Le Roman de la Momie* paraissait en feuilleton, à mesure qu'il était écrit. Mon père n'avait naturellement que fort peu d'avance et devait se hâter, pour ne pas se laisser dépasser par les imprimeurs. Ces recherches, à travers ces in-folios à planches mobiles, qui s'embrouillaient vite et se perdaient, lui faisaient dépenser un temps précieux, il devait se lever à chaque moment, feuilleter, chercher, et il s'impatientait à ce manège, d'autant plus que ces livres ne lui appartenaient pas ; ils lui avaient été prêtés par Ernest Feydeau, et il avait très peur de les abîmer.

Un jour, qu'il était plus impatienté encore que de coutume, il me fit venir, et me demanda si je me sentais capable, pour lui rendre service, de rester tranquille pendant quelques heures, afin de l'aider dans son travail. Très flattée d'être appelée à de si hautes fonctions, je m'engageai, sans hésiter, à être très sage. Se fiant à ma promesse, il m'installa sur la table même, et je fus chargée de lui passer les planches, à mesure qu'il en avait besoin, puis de les reprendre et de les remettre en ordre.

Son installation à lui était des plus simples ; un gros livre, appuyé sur un plus petit, formait son pupitre, et, de son écriture régulière et fine, il couvrait de lignes très droites des feuilles de papier à lettres, dans le sens]e plus large.

Tandis qu'il écrivait, je regardais ces étonnantes images, où les personnes avaient des têtes d'animaux, d'incroyables coiffures cornues et des poses si singulières. J'étais tellement fascinée par l'apparition de ce monde mystérieux, paré de si brillantes couleurs, accompagné d'hiéroglyphes qui étaient d'autres images, que je me tins fort tranquille, et fus maintenue en fonctions plusieurs jours de suite.

Chapitre LIX

Notre éducation, il faut l'avouer, était plutôt négligée ; on n'avait pas le temps de s'en occuper on l'oubliait ; et cela ne nous gênait guère. Ma sœur et moi, nous savions très bien remplir les heures et la journée agréablement, à ne rien faire, quand Marianne ne nous emmenait pas jouer devant le théâtre du Gymnase, avec des camarades de rencontre.

Et puis, il y avait les livres.

Mon père disait souvent, que la chose qui le surprenait le plus, c'est qu'un enfant pût apprendre à lire. La lecture conquise, il lui semblait que le reste n'était rien ; il n'y avait plus qu'à lire. Mais, pour cela, il fallait des livres ; aussi trouvait-il absurdes ces défenses et ces restrictions qui verrouillent les bibliothèques, sous prétexte qu'il y a des livres dangereux. Lesquels ? Il jugeait bien audacieux de décider de cela. À son avis, pour éviter le danger, il fallait les lire tous, ou n'en lire aucun. *Paul et Virginie* lui paraissait être le livre le plus dangereux qui fût au monde, pour de jeunes imaginations. Il se souvenait de l'émotion brûlante qu'il avait éprouvée, lui-même, en le lisant, et qui n'avait été égalée, plus tard, par aucune autre impression de lecture.

Donc, la bibliothèque était ouverte devant nous, et, comme aucune défense n'en barrait l'approche, nous étions, peut-être, moins curieuses d'y fouiller.

Un jour, cependant, après avoir longtemps considéré les titres, je m'emparai d'un volume : c'était *Le Rouge et le Noir*, de Stendhal. Je n'avais pas choisi sans réflexion, ce titre me semblait devoir annoncer l'histoire de deux diablotins, l'un rouge et l'autre noir, et cela promettait d'être amusant. Je fus un peu déçue par les premiers chapitres, mais, sans être rebutée, et je poursuivis ma lecture, sans enthousiasme, mais sans ennui. Un passage du livre me troubla spécialement, celui où l'héroïne de la première partie, dans ses remords d'avoir trompé son mari, attribue à sa faute la maladie de ses enfants. Tromper son mari ne me représentait rien de particulier, mais j'étais surprise au dernier point, d'apprendre que cette chose inconnue rendait les enfants malades. Je me disais, non sans inquiétude : « Quand nous serons malades, je saurai maintenant pourquoi. » On m'offrit d'échanger ce livre, trop fort pour moi, disait-on, contre un autre, intitulé :*La Fée aux Roses*, qui me parut beaucoup plus amusant, mais laissa, cependant, bien moins de traces dans ma mémoire.

Marianne, qui parlait si mal le français, était, malgré cela, beaucoup plus cultivée que les Françaises, en général, même celles

Judith Gautier

au-dessus de sa condition. Elle avait une âme romanesque et éprouvait une respectueuse et naïve admiration pour l'art et pour les artistes. Quand c'était à Meyerbeer, à Banville, à Flaubert ou à Baudelaire qu'elle ouvrait la porte, elle avait un sourire extasié et, en les annonçant, sa voix sonnait comme une fanfare joyeuse. En faisant le lit, elle s'attardait à lire le feuilleton de son maître, et on se serait bien gardé de la gronder pour cela. Aussi se laissait-elle aller à sa passion pour la lecture ; tandis qu'elle cousait dans la salle à manger, elle me suppliait, s'il n'y avait personne, de lui lire un peu à haute voix. Mais c'était le dimanche, que nous prolongions, pour lire, la soirée plus qu'il ne fallait. Ce jour-là, mon père et ma mère dînaient toujours chez une belle et joyeuse dame que l'on avait surnommée : La Présidente, et qui savait retenir autour d'elle tous les artistes illustres de l'époque. Nous restions donc seules avec Marianne, la cuisinière ayant congé. Malgré nos protestations, le plat principal de notre dîner était toujours une soupière pleine de riz au lait, que nous détestions ; je ne sais pourquoi, ma mère y tenait spécialement et ne s'en allait que quand nous étions assises à table devant nos assiettes garnies de cette pâtée gluante. Dès que nous jugions nos parents assez loin, nous courions à la cuisine, par le long couloir qui y conduisait, et nous nous acharnions à faire passer tout le riz au lait par le trou de l'évier, ce qui était laborieux ; mais cela représentait une espèce de vengeance contre le mets détesté. Marianne nous confectionnait quelques beignets subreptices et, aussitôt le dîner fini, allait chercher un livre. C'était elle qui le choisissait. Les romans de · George Sand avaient ses préférences, ils l'attendrissaient au dernier point. *Valentine* surtout lui fit verser d'abondantes larmes. Et c'est ainsi que, pour faire plaisir à cette douce et sentimentale Alsacienne, j'ai lu, avant le temps, toute l'œuvre de la grande Française.

Chapitre LX

Bien que, depuis ma sortie du couvent, l'on fût un peu en froid avec la tante Carlotta et la grand'maman Grisi, ma mère n'avait pas cessé de considérer la danse comme ce qu'il y avait de plus beau au monde, comme la seule carrière capable de conduire, par bonds rapides, à la fortune, et elle mûrissait, secrètement, un plan admirable : c'était de faire de nous des danseuses !

Mon père était hostile à ce projet ; mais, comme il détestait les discussions, il n'osait pas le dire franchement, répondait évasivement, gagnant du temps. On revenait à la charge : il ne fallait pas attendre, c'était dans la première jeunesse que les membres s'assouplissaient ; Carlotta était à peine plus âgée que nous quand elle avait débuté à la Scala de Milan ; ce nom illustre nous ouvrirait toutes les portes… Comment résister à tant de bonnes raisons ?… Mon père finit par céder, ou plutôt par en avoir l'air.

Un matin, il nous fit venir, ma sœur et moi, dans sa chambre. Il était à demi-agenouillé dans un fauteuil, du haut duquel il nous considéra quelques instants à travers son monocle.

— Ouragan, dite Chabraque, et vous Monstre-Vert, dit-il, écoutez-moi attentivement et tâchez de me comprendre : Vous allez entrer au Conservatoire de danse. Ne craignez rien, cette institution n'a que des analogies lointaines avec le couvent. Marianne vous y conduira, plusieurs fois par semaine, et vous ramènera. Là, on vous enseignera la chorégraphie, selon les bons principes. C'est votre mère qui le veut, dans l'espoir que vous éclipserez un jour la gloire de votre tante Carlotta. Puisque vous êtes là, à ne rien faire, et que vous avez besoin d'exercice, cela vous occupera, en vous dégourdissant les jambes. C'est une gymnastique excellente qui vous donnera de la grâce et vous apprendra à marcher ; c'est, pour cette raison que j'ai cédé. Mais — je vous parle comme à des personnes raisonnables — mettez-vous bien ceci dans la tête, et gardez-le pour vous : je suis parfaitement décidé à ne pas faire de vous des danseuses… Sur ce, embrassez votre papa et allez essayer vos chaussons de danse.

Des chaussons de danse ! Des corsages décolletés et sans manches ! Des envolements de petites jupes en mousseline !… Comme c'était amusant ! Nous sautions de joie et nous improvisions des entrechats fantaisistes, en essayant tout cela.

Judith Gautier

Chapitre LXI

La classe de danse était située rue Richer, pas loin de chez nous. La salle, très vaste, avec son plancher un peu en pente, était au rez-de-chaussée, sur une cour intérieure. À trois des parois était fixée une barre de bois, pareille à une rampe d'escalier, à laquelle on se tenait pour les exercices. Le quatrième côté était occupé par les parents, assis sur des banquettes ou sur des chaises et formant public. Sous une glace, au milieu de ce mur, dans un espace libre, était le siège du professeur. Il s'appelait M. Siau et, comme le concierge s'appelait M. Baquet, ce facétieux hasard était la source de faciles et constantes plaisanteries.

M. Baquet était chargé du balayage et arrosait le parquet en faisant des huit, à l'aide d'un entonnoir.

Une centaine d'élèves, garçons et filles, bourdonnaient dans cette classe, emplie d'un joyeux tumulte, tant que le maître n'était pas arrivé. Dès qu'il paraissait, chétif et maigre, dans sa redingote noire, son violon à la main, le silence s'établissait, chacun courait à sa place, saisissant d'une main la barre de bois. On s'apercevait alors qu'il y avait plus de filles que de garçons.

M. Siau posait son violon sur sa chaise, accrochait son chapeau, frappait dans ses mains et les exercices commençaient.

— Un, deux... un, deux !...

Toute une forêt de jambes inégales, se levaient et s'abaissaient, pas du tout en mesure, dans un complet désarroi. Le maître se fâchait, comptait plus fort, se précipitait sur un pied, dont la pointe se tournait en dedans, et, d'un mouvement brusque, la remettait en dehors.

Comme c'était drôle et comme il rageait, le pauvre professeur ! Il tapait du pied, crispait les poings, en mâchonnant des imprécations, s'ébouriffait les cheveux, levait les bras vers le plafond, jusqu'à ce qu'il eût obtenu, enfin, de voir toutes les jambes se lever à la fois et retomber ensemble. Alors on changeait de main, et, tournant le dos aux fenêtres, on recommençait les mômes battements avec l'autre jambe.

On se reposait un moment, puis la seconde partie du travail

commençait. Rangés en lignes, en travers de la salle, les plus petits par devant, on attendait le signal.

M. Siau s'était assis et avait saisi son violon. Il méditait profondément, composait le pas, qu'il allait nous donner à étudier. L'instant était solennel...

Tout à coup, l'archet grinçait, le violon égrenait une mélodie sautillante, tandis que les pieds du maître s'agitaient frénétiquement : il dansait assis ! Quand le pas était bien fixé, il l'énonçait. Les deux plus fortes de la classe, hors du rang, comme des chefs d'armée, se penchaient attentives et recueillaient les paroles :

— Quatre assemblés, deux ronds de jambes, trois jetés battus, une pirouette...

Elles répétaient le pas et, quand elles l'avaient bien compris, le branle commençait, la mélodie sonnait plus haut, accentuant les temps forts, et le maître, toujours assis, gigotait de plus belle.

Sauf quelques-unes, dans les premiers rangs, qui s'efforçaient de suivre, on se trémoussait au hasard et, dans les dernières lignes, on ne faisait que des farces.

Oh ! oui, c'était amusant, la classe de danse ! et nous ne nous faisions pas prier pour y courir. Marianne, orgueilleuse de notre tenue, passait son temps à repasser les petites jupes de mousseline et à faire des points de feston tout autour des chaussons, pour les renforcer. Elle se tenait très sérieuse sur sa chaise, avec les mamans, et oubliait sa broderie, dans la contemplation de toutes ces gambades.

Quand, après un dernier trille et une révérence générale au professeur, on se débandait, elle venait vite nous rejoindre dans la loge pour nous aider à nous rhabiller et nous empêcher de trop nous lier avec les camarades. Il y en avait, parmi les plus grandes, qui faisaient déjà partie du corps de ballet, à l'Opéra, ce qui les rendait particulièrement maniérées et vaniteuses. Mais, devant les nièces de l'illustre Carlotta, elles perdaient leur morgue et sollicitaient notre protection.

À la maison, on avait fait installer une barre dans l'antichambre, pour que nous puissions étudier, et nous y étions toujours pendues, à faire toutes sortes de singeries.

Judith Gautier

Décidément, la danse nous passionnait, nous chassions de race, et ma mère parlait déjà de nous faire donner des leçons particulières.

Chapitre LXII

Le sculpteur Étex était un jour venu voir mon père et s'était soudain enthousiasmé pour la forme de mon nez. Il avait demandé à faire mon buste et pris date, immédiatement, pour la première séance.

Quand le temps fut venu, ma mère décida qu'il fallait m'arranger une coiffure digne de passer à la postérité. On m'ondula les cheveux, en les passant au fer, puis on les disposa en bandeaux qui me cachaient les oreilles, me faisaient la tête très grosse et me changeaient complètement. J'étais très fière de cette transformation, qui me donnait l'air d'une dame, et je me pavanais devant l'armoire à glace, pour m'admirer, en attendant le départ. Le ruban pourpre et or qui retenait le chignon, me paraissait particulièrement admirable et je n'osais pas bouger de peur de déranger quelque chose à ce bel appareil.

Ma mère et ma sœur m'accompagnaient, nous prenions un fiacre, qui n'en finissait pas d'arriver à cette rue de l'Ouest, située si loin, derrière le Luxembourg.

Je ne savais pas trop ce qui m'attendait là et je ne me doutais guère de l'ennui qu'allaient me causer ces longues heures d'immobilité, sur cette haute estrade poussiéreuse, dans l'odeur du plâtre mouillé et de la terre glaise. Le vieux sculpteur démagogue agrémentait les séances de bavardages subversifs ; il rugissait contre les tyrans, ce qui ne l'avait pas empêché de sculpter, dans la pierre, un triomphe de Napoléon, pour une des faces de l'Arc-de-l'Étoile, qui regardent vers la banlieue. D'autre fois, il m'accablait d'éloges et me prédisait que, quand je serais grande, je ressemblerais à Vénus !... Mais ces louanges m'agaçaient encore plus que la politique et j'enviais beaucoup ma sœur qui pouvait courir et jouer dans le jardin, tandis que je subissais le supplice de la pose.

Il résulta, de cette longue pénitence, un joli buste en marbre de Carrare, dans lequel le nez, tout d'une pièce avec le front, et la coiffure en vieille dame, produisent un majestueux et agréable effet.

Chapitre LXIII

Une très belle demoiselle, juive, dont mon père avait vanté le portrait, exposé au dernier Salon, vint le voir, pour le remercier, et lui montrer, peut-être, que l'original valait mieux encore que la peinture. Elle était accompagnée par sa mère, qui ressemblait à une gitane et avait un terrible accent marseillais. Mon père reçut aimablement la fille et la mère et promit de dire quelques mots, dans son feuilleton, d'un concert où Virginie Huet devait exécuter des variations brillantes sur : *Au clair de la Lune*, car la visiteuse ne se contentait pas d'être belle, elle était pianiste.

Mon père tint sa promesse, et Virginie revint dire sa reconnaissance. Cette fois, elle sollicita la faveur de nous donner, à ma sœur et à moi, des leçons de piano.

Je croyais en avoir fini avec la musique, et voilà que m'apparaissait le spectre de la sœur Fulgence, armée de joyeuses verges.

La maîtresse était moins farouche, cette fois ; mais la nouvelle méthode, assez vague, l'enseignement plein de distraction et de mollesse, donnèrent des résultats analogues à ceux du premier système.

Cependant, pour nous faire comprendre la grande musique, ou peut-être simplement, parce que nous étions, là, en famille, on nous conduisait souvent au Théâtre-Italien, où chantaient tous les merveilleux artistes d'alors : Gulia Grisi, Frezzolini, Borghi-Mamo, Mario, etc.

Le drame nous occupait plus que la musique, et la mort tragique de nos cousins, nous impressionnait si vivement, qu'il fallait nous conduire dans leurs loges, derrière la scène, pour que nous puissions nous convaincre, en les embrassant, qu'ils n'étaient pas morts pour de bon.

À la maison, quand nous étions seules, à nous deux, nous rejouions la pièce : *Lucrezia Borgia*, de préférence : affublées de châles et d'écharpes, dérobés à la garde-robe maternelle. La terrasse était ordinairement notre scène ; mais, pour bien tomber mort,

Judith Gautier

sans se faire du mal, le grand lit était plus commode : et la pauvre Marianne, effarée de trouver la chambre au pillage, se hâtait, en gémissant, de remettre tout en ordre, pour nous empêcher d'être grondées.

Chapitre LXIV

— Pourquoi ne joues-tu pas avec la poupée que je t'ai donnée ? me demande ma mère.

— Parce qu'elle est morte.

— Tu l'as cassée ?

— Non, elle n'est pas cassée…

— Et ta boîte à ouvrage, qu'est-ce qu'elle est devenue ? J'ai trouvé par terre tout ce qui devait être dedans.

— Ma boîte à ouvrage est devenue un sarcophage.

Ma mère est près de se fâcher ; mais mon père, très intéressé, intervient.

— La morte est dans son sarcophage, dit-il ; maintenant, il reste à savoir où se trouve l'hypogée.

Je baisse le nez et garde un air très mystérieux ; je ne dirai pas mon secret.

Marianne donne à entendre que la cachette doit être dans l'une des caisses à fleurs de la terrasse, qu'elle a trouvée assez bouleversée. Mon père va lui-même procéder à l'exhumation, et a bientôt découvert la boîte, qu'il rapporte dans la chambre. Elle est fermée par des bandes de papier collées, couvert de gribouillages, qui imitent un peu les hiéroglyphes.

— Si tous les rites de l'ensevelissement sont observés, dit-il, je te prends sous ma protection ; tu ne seras pas grondée.

Il ouvre la boîte et met son monocle.

Ma poupée apparaît, alors, soigneusement enveloppée de bandelettes, la figure étroitement moulée par un masque, en papier d'or, pris à un bâton de sucre de pomme, entourée de toutes sortes de petits objets, dont mon père reconnaît très bien l'intention ; aucun détail n'est omis, j'ai même volé quelques épis à un chapeau, pour les placer à côté de la morte.

On m'a permis de lire *Le Roman de la Momie*, pour me récompenser d'y avoir « collaboré », et j'ai lu plus attentivement qu'on ne le croyait. Mon père est très flatté et très content. Il me demande de lui donner cette petite momie, maintenant que, comme pour la grande, on a découvert son tombeau, et il va l'installer sur la cheminée de sa chambre.

Chapitre LXV

Une jeune Espagnole, finement jolie, accompagnée, elle aussi, d'une mère qui faisait penser à « la vieille Maugrabine » ; de Gastibelza, vint solliciter « l'éminent critique ». La gracieuse enfant s'imaginait faire de la peinture. D'un pinceau, qui semblait trempé dans du miel, elle léchait, en effet, de petites toiles, qui le plus souvent la représentaient elle-même, bien enlaidie... À cause de ses beaux yeux andalous et de sa passion sincère pour la peinture, mon père recommanda, le mieux qu'il put, la jeune artiste, et, très reconnaissante, la vieille Maugrabine, apporta un jour, dans un petit panier, un angora blanc, tout bébé, qui lui était né d'une noble chatte...

On baptisa le nouveau venu : Don Pierrot de Navarre, et ce fut un chat très aimé.

Il n'y avait alors à la maison aucun animal, sauf des oiseaux dans une grande volière, qu'une amie, s'expatriant, avait donnée à garder à ma mère et ne reprenait plus. Don Pierrot est le premier chat que j'aie connu chez mon père.

Tous les solliciteurs n'étaient cependant pas accueillis aussi cordialement que ces aimables Espagnoles, surtout quand ils s'avisaient de vouloir offrir un don, pour acheter la faveur...

Un jour, nous entendîmes des rugissements dans le salon, où mon père recevait un inconnu ; puis le monsieur, reconduit à coups de pieds, traversa comme une flèche l'antichambre et, poursuivi jusque sur le palier, dégringola l'escalier la tête la première.

Mon père était blême et tremblant de fureur ; il continuait à couvrir d'injures véhémentes « le misérable, qui avait osé lui offrir une somme énorme, pour louer je ne sais quoi d'idiot !… »

Dans sa colère, d'un mouvement nerveux, il avait descellé la tablette de marbre de la cheminée, avec l'idée de la jeter à la tête de cet imbécile ; la pendule et les bibelots précieux l'avaient échappé belle ! Le monsieur aussi !…

Se défendre des importuns et des solliciteurs était la grande affaire et c'était extrêmement difficile. Cet appartement, situé d'une façon si centrale, s'offrait naturellement aux visiteurs et toutes les personnalités du jour y venaient journellement saluer mon père, qui, à cause de cela n'osait pas consigner sa porte, craignant de voir un ami éconduit par la maladresse du concierge.

Je ne me souviens pas d'avoir vu Gérard de Nerval, mais j'ai bien souvent entendu parler de lui. Il avait été le camarade de collège de mon père et c'est certainement l'ami qu'il a aimé avec le plus de tendresse. Jamais, il ne cessa de regretter « ce pur et charmant écrivain, qui, à l'esprit le plus ingénieux, au caprice le plus tendre, joignait une forme sobre, délicate et parfaite, » celui à qui Gœthe écrivait, après la traduction de *Faust* en français, que Gérard publia à l'âge de dix-huit ans : « Je ne me suis jamais si bien compris qu'en vous lisant. » Le chagrin causé par sa mort tragique ne s'effaçait pas ; mon père et ma mère en parlaient souvent entre eux, avec de vagues idées d'enquête et de représailles, car ils n'avaient jamais cru au suicide. N'ayant pas de preuves suffisantes, mon père n'osait pas écrire ce qu'il pensait, mais il le disait ; d'après lui, Gérard de Nerval n'avait matériellement pas pu se pendre là où il était accroché ; on l'avait assassiné, pour lui voler le prix d'un travail, qu'il avait touché la veille.

Paul de Saint-Victor, qui venait souvent, était un des mieux accueillis. Il se proclamait le disciple de mon père et ils avaient, entre eux, une similitude extraordinaire de goûts et d'opinions artistiques ; une parenté d'esprit très singulière, qui leur créa même, à propos du feuilleton du lundi, qu'ils faisaient tous deux dans des journaux différents, de bien curieux embarras. Ils évitaient, cependant, de se faire part de leurs impressions, quand ils se rencontraient au théâtre. Ils causaient de littérature ou discutaient des questions d'art, mais ne soufflaient mot de la pièce qu'on représentait : ils savaient bien que, même sans se rien dire,

Chapitre LXV

ils ne seraient que trop du même avis. Plusieurs fois, en effet, il leur était arrivé, sans qu'il fût possible de soupçonner l'un ou l'autre de plagiat, les articles paraissant à la même heure, d'avoir écrit des pages presque identiques. Mon père racontait que, maintes fois, en commençant son feuilleton, il avait biffé ce qu'il venait d'écrire, pour prendre un autre point de départ, se disant : « Saint-Victor va commencer comme cela » et il était rare qu'il ne trouvât pas exprimée, dans les premières lignes de l'article de son confrère, l'idée qui s'était d'abord présentée à lui.

Quelquefois, c'était plus étrange encore. Tandis que mon père se disait : « Saint Victor va penser ainsi », Saint-Victor, de son côté, pensait : « Gautier aura cette idée-là » et, tous deux alors, pour éviter la rencontre, laissant la routequi s'était d'abord offerte à eux, prenaient un même sentier de traverse, qui, à leur joyeuse surprise les remettait face à face.

À nous, Paul de Saint-Victor faisait un peu peur, par sa gaîté moqueuse, la torsion de ses sourcils, ses moustaches en crocs, si noires et si aiguës, et par la raideur de son cou, qui semblait ankylosé par le carcan du faux-col éblouissant.

Edmond About, que l'on appelait toujours, je ne sais trop pourquoi : « Le jeune About, âgé de vingt-sept ans », venait aussi. Mon père savait très bien imiter sa manière de rire en fronçant le nez et en fermant tout à fait les yeux ; il s'exécutait sans se faire prier, dès que nous lui disions : « Papa, fais About. »

Mais celui qui m'enthousiasma du premier coup, ce fut Gustave Flaubert. Il m'apparut tout de suite comme un personnage prodigieux et colossal, avec sa haute taille, ses larges épaules, ses beaux yeux bleus, frangés de longs cils noirs et sa moustache de chef gaulois.

Il disait souvent : « C'est énorme ! » en rejetant ses bras en arrière et en se penchant vers son interlocuteur, comme s'il eût voulu lui donner un coup de tête dans l'estomac.

À table, il racontait de monstrueux paris, dans lesquels on s'engageait à boire des barils d'eaux-de-vie, à dévorer des monceaux de nourriture, à accomplir des prouesses fantastiques ; le tout énoncé avec une richesse d'images, une abondance de gestes et une ampleur de voix, qui me stupéfiaient et me comblaient

Judith Gautier

d'admiration.

J'aurais voulu l'écouter toujours, et un de mes désirs était de lire ses œuvres, mais j'avais beau fouiller la bibliothèque, je ne trouvais aucun livre de lui.

Un soir, il avait promis de lire, devant quelques intimes, un fragment de la première version de *La Tentation de saint Antoine*. Quand le moment fut venu, on m'envoya me coucher. Je suppliais, avec des pleurs et des cris, qu'on me permît d'entendre Flaubert, mais on déclara que ce qu'il allait dire n'était pas du tout pour les petites filles. Mon père était assez disposé à me laisser rester. Flaubert lui-même était attendri ; leur influence fut vaine et je dus céder à la force.

Une fois couchée, tout émue encore de la lutte, j'essayai de me résigner, mais les échos du *Gueuloir* arrivaient jusqu'à moi et je n'y pus tenir. Me glissant, pieds nus, sans bruit, je gagnai la salle a manger, séparée du salon par une porte à deux battants, qui était poussée sans être fermée tout à fait. Par l'entrebâillement, je pouvais très bien voir, et entendre sans perdre un mot.

Flaubert, debout devant la cheminée, ployant un peu sa haute taille, lisait à pleine voix, en faisant de larges gestes.

C'était l'épisode de la Reine de Saba, la description de sa parure superbe, de sa robe de brocard d'or à falbalas de perles, dont la longue queue était portée par douze négrillons, et l'extrémité tenue par un singe, qui la soulevait, de temps à autre, pour regarder dessous. J'eus l'idée que c'était à cause de cette malice du singe que l'on n'avait pas voulu me laisser entendre.

Quand Flaubert eut fini de lire, au moment où j'allais me sauver, on lui demanda de contrefaire l'ivrogne. Il se défendit longtemps, puis finit par céder à l'insistance de tous.

J'assistai, alors, à une scène extraordinaire, d'un réalisme qui me parut si effrayant, que je ne pus le voir jusqu'au bout et que je regagnai mon lit, plus vite que je ne l'avais quitté, pour m'y blottir, en me cachant la tête sous les couvertures.

Chapitre LXV

Chapitre LXVI

Depuis longtemps, je demandais qu'on me laissât aller voir ma nourrice ; la permission était accordée, mais on reculait toujours la visite. Marianne n'avait pas le temps, le Conservatoire la mettait en retard pour son ouvrage, ou bien il fallait faire une course pour mon père ; coudre quelque chose de pressé pour ma mère. Mais je revenais sans cesse à la charge, et un jour, enfin, suivies de Marianne, nous nous mîmes en route, ma sœur et moi, vers les Batignolles.

Je trouvai la chère nounou triste et vêtue de noir. Le père Damon était mort, de la maladie qui le tenait depuis longtemps. On avait beau s'attendre au malheur, c'était dur tout de même, quand il arrivait.

Pauvre père Damon ! Je l'aimais bien, aussi lui ; il se faisait si doux pour moi, si soumis à mes caprices. Sur les genoux de la Chérie, comme autrefois, j'essayais de la consoler, et je vis bientôt, au fond des orbites plus creusés, ses beaux yeux rayonner de tendresse.

Rien n'est changé dans ces deux petites chambres où j'ai commencé à vivre ; mon pseudo-portrait est toujours accroché au mur ; mon berceau est à la même place ; « il y restera tant que je serai là », dit ma nourrice.

Et Marie, et Sidonie, et Pauline, où sont-elles ? À leur ouvrage. Eugène est à l'école. Pour rencontrer tout le monde, il faudrait venir un dimanche. Mais puisque j'étais sortie du couvent, heureusement, elle viendrait souvent me voir, avec l'un ou avec l'autre.

Quand nous partons, pour nous accompagner un peu, la Chérie fait un bout de toilette ; elle met son auréole tuyautée, attache, sur ses épaules, un châle à franges…, et je reconnais le cher petit châle vert à palmes, qui a été teint en noir et où les dessins ne sont plus visibles… Et, tout à coup, je me souviens de la noce de Marie où, à cette même place, le petit châle vert, dans toute sa fraîcheur, fit sa première apparition… J'ai le cœur serré par un regret poignant. Je comprends mieux la mort, les tristesses, la méchanceté du temps, devant cette pauvre étoffe qui a dû prendre le deuil.

Judith Gautier

Chapitre LXVII

Un après-midi, Rodolpho, que je n'avais pas vu depuis bien longtemps, vint nous rendre visite. Il amenait avec lui un grand jeune homme, blond, qui portait encore l'uniforme de collégien, et qu'il nous présenta comme notre frère.

Notre frère !... On ne nous avait jamais parlé de lui. Je crus que Rodolpho se moquait de nous.

— Regarde-le donc, me dit-il, tu ne vois pas comme il ressemble au portrait de ta grand'-mère, qui est dans la chambre des tantes, à Montrouge.

Il avait, en effet, le nez aquilin, les yeux bleus, la carnation blanche et blonde, du portrait que je connaissais bien.

Il était notre frère, sans être le fils de notre mère, ce qui nous parut singulier, sans nous préoccuper davantage.

— Comment t'appelles-tu ?

— Théophile, mais on prononce Toto, me répondit-il, en me faisant sauter presque jusqu'au plafond.

Une partie monstre, un peu violente pour nous, et qui emplit l'appartement de tumulte, s'organisa. Je ne sais trop en quoi consistait le jeu, ni comment il se fit que j'avalai un bouton de cuivre, ce qui arrêta net le tintamarre.

À cause du vert-de-gris, on était très inquiet, et on me fit avaler beaucoup de lait.

Rodolpho me parla des tantes, que je devrais bien aller voir, pour les distraire un peu. Elles avaient quitté la maison de la route de Châtillon. Maintenant, leur déménagement était fini ; elles étaient installées dans un appartement, rue du Grand-Montrouge, et il y avait un très grand jardin, un vrai parc.

J'y allai, en effet, passer quelques jours.

Je trouvai les tantes plus vives, et comme rajeunies, dans leurs robes noires. Cependant, elles semblaient ne savoir que faire de leur liberté, qui lui venait, pour la première fois, trop tard, malheureusement.

L'appartement, aux pièces vastes, aux larges fenêtres, se trouvait dans l'hôtel même des La Vallière, et le parc, commun à tous les locataires, était superbe. C'était au premier, et on avait vite fait de dégringoler l'escalier, pour aller courir sous les grands arbres.

Les tantes se trouvaient, là, moins isolées, moins perdues, que sur la route de Châtillon ; elles avaient des amies parmi les voisines, dans la maison même, et j'y trouvai tout de suite d'agréables compagnons de jeu.

Le mobilier s'était enrichi d'un vieux clavecin, venu je ne sais d'où, et qui m'émerveilla par ses sons fêlés, lointains et mystérieux. Il me faisait penser à M^{lle}du Médic, et, peut-être, venait-il d'elle.

Je revis l'aristocratique demoiselle, plus mince et plus pâle, plus droite que jamais, et qui semblait se retrouver dans son vrai cadre, sous ces hauts plafonds, devant ces boiseries claires et enrubannées de sculptures. Ses longues mains, voilées de mitaines, faisaient toujours du filet, et la levrette *Flox*, fragile et gracieuse, continuait à ne pas vouloir poser ses pattes sur le parquet.

Je me serais vite reprise à cette vie libre et aux courses au grand air ; mais mon père vint me chercher, après une semaine ; il ne voulait plus me laisser longtemps éloignée de la maison ; peut-être aussi s'était-il déjà accoutumé à moi, et il trouvait que je lui manquais.

Chapitre LXVIII

Une fois, passant en voiture dans un quartier de Paris que je ne connaissais pas, je me dressai tout à coup, debout, agitant les bras, criant de toutes mes forces au cocher d'arrêter.

Qu'est-ce que j'avais vu ?… Qu'est-ce qui me prenait ?… Étais-je malade, ou folle ?…

— C'est la rue des Jeûneurs ! la rue des Jeûneurs !

— Eh bien ! qu'est-ce que ça nous fait, la rue des Jeûneurs ? Ce n'est pas là que nous allons.

— C'est la rue de Catherine !

— La rue de Catherine ?…

— Oui, la rue où demeure son tuteur.

Judith Gautier

Et comme le cocher s'est arrêté, je veux absolument descendre. Ma mère comprend qu'il n'y aura pas moyen de me faire entendre raison, et que le plus court est de céder. Nous voilà donc avec ma sœur, toutes trois sur le pavé de la rue des Jeûneurs.

— Eh bien ! quel numéro ? demande ma mère.

— Quel numéro ?... Je ne sais pas... Catherine ne me l'a pas dit.

— Et le tuteur, comment s'appelle-t-il ?

— Je ne sais pas... C'est le tuteur de Catherine...

— Il fallait te renseigner mieux... Tu comprends que nous ne pouvons pas aller demander, de porte en porte le tuteur de Catherine... Nous nous ferions rire au nez.

Nous remontons dans la voiture. Je suis très penaude, mais encore plus désolée ; je pense que je ne sais même pas le nom de famille de Catherine, je ne m'en suis jamais inquiétée. Il me semble qu'elle est bien perdue pour moi, que je ne pourrai jamais la retrouver. Et ma sœur, qui s'aperçoit que j'ai envie de pleurer, m'embrasse gentiment, pour me consoler.

Chapitre LXIX

Mon père trouvait que décidément, les entrechats du Conservatoire et les leçons de piano de Virginie Huet, ne constituaient pas une éducation suffisante, et, quand il en avait le loisir, il se désolait de nous laisser ainsi nous élever au hasard.

Cependant, l'idée de la réclusion dans les pensionnats lui était particulièrement antipathique, à cause, sans doute, de ses souvenirs personnels et de ses premières tristesses.

Quand on l'avait mis, à l'âge de huit ans, au collège Louis-le-Grand, il avait failli mourir de chagrin, et on avait dû le retirer. C'est dans ce collège qu'il avait conçu pour un affreux pion qui le tourmentait de préférence, une haine qui ne s'est jamais éteinte, ni amoindrie. Il nous racontait, avec orgueil, l'affreuse méchanceté qu'il avait imaginée, pour se venger de son bourreau : ayant poussé très loin l'étude du latin, qu'il approfondissait avec son père, très fort latiniste, il avait dépassé en savoir le pion qu'il détestait. Avec une malice diabolique, il glissait, dans un thème latin, quelque faute rare, difficile à remarquer pour un savant médiocre, et, quand le maître avait déclaré que le thème était sans faute : « Vous vous trompez, s'écriait l'élève, devant toute la classe attentive, il y a une faute dans mon thème, et la voici. Je l'y ai mise exprès, pour démontrer que vous ne savez pas ce que vous enseignez. »

On peut juger de ce qu'était cette haine. Jamais mon père ne parlait de ce pion sans pâlir de colère, et il redisait souvent, — il l'a même écrit — que s'il se trouvait en sa présence, après si longtemps, il lui sauterait à la gorge.

Donc, il ne voulait pas plus du pensionnat que du couvent. Restait l'institutrice. On commençait à y songer.

Quand il en trouvait le temps, mon père nous faisait bien quelques dictées, admirables et instructives ; nous donnait des leçons à apprendre, des devoirs à écrire ; mais livrées à nous-mêmes, nous les faisions tout de travers, ou pas du tout. Alors, il s'efforçait de nous persuader, à l'aide de raisonnements, car il s'élevait contre les taloches, punitions et brusques réprimandes, qu'il trouvait inefficaces et cruelles. Nous asseyant chacune sur un genou, il nous faisait de la morale, et nous démontrait, par des exemples saisissants et des paraboles superbes, l'avantage qu'il y avait à être sage, à se bien conduire et à apprendre rapidement les leçons prescrites ; puis, pour bien fixer dans notre esprit l'excellence de son discours, il concluait en nous faisant cadeau d'une pièce de quarante sous. On peut s'imaginer à quel point cette morale nous plaisait, nous l'aurions voulue tous les jours. Mais il dut renoncer à ce système, le jour où, avec une naïve impudence, nous lui proposâmes de supprimer la morale, et de donner tout de suite les quarante sous.

L'institutrice, de plus en plus menaçante, planait au-dessus de notre vie.

Les jours des leçons de piano, on en parlait mystérieusement avec la belle Virginie. Nous allions le plus souvent travailler chez elle, dans le petit logement où elle habitait, avec sa mère et une sœur plus âgée qu'elle. Cet intérieur était des plus modestes ; tous les efforts étaient concentrés sur Virginie, le seul espoir du pauvre ménage, tous les sacrifices étaient admis pour soutenir son élégance extérieure et pour parer sa beauté. Les autres ne comptaient pas.

Judith Gautier

La vieille mère, qui en négligé tournait à la sorcière, nous ouvrait la porte, et dès le seuil, une odeur d'huile frite et d'ail, nous prenait à la gorge, provenant de quelque fricassée marseillaise, cuisinée avec amour.

Nous ne faisions pas grande attention à Honorine, qui n'avait aucun vestige de la beauté de sa sœur, et de beaucoup son aînée, avait plutôt l'air d'être sa tante. Grande, forte, le visage gras, les cheveux ternes, dont les grands bandeaux donnaient l'impression d'une perruque ; elle n'avait rien de remarquable, si ce n'est qu'elle parlait du nez.

D'ailleurs, elle était le plus souvent absente, car elle donnait au dehors, elle aussi, des leçons… des leçons de français !…

Nous ne nous doutions guère quelle importance prendrait pour nous cette Honorine Huet, que nous regardions à peine. Nous ne soupçonnions pas que, sous cet air inoffensif, elle cachait de redoutables qualités, qu'elle était très savante, possédait des diplômes, et avait déjà été institutrice.

Toutes sortes de conciliabules avaient lieu, qui nous donnaient un peu de répit, mais nous sentions le dénouement tout proche. Nous en gémissions avec Marianne, presque aussi tourmentée que nous.

— Pense donc, lui disions-nous, elle sera toujours sur notre dos ; ce sera un vrai gendarme, plus moyen de jeter le riz au lait dans l'évier, ni de te lire des romans tout haut. Elle ne nous laissera pas jouer l'opéra italien avec des robes à maman : ça va être une vie sible !… Et si tu savais comme elle parle du nez… on dirait qu'elle ne se mouche jamais !

— Ça, c'est *tégoûdant*, disait Marianne.

Et d'avance, nous formions une alliance offensive et défensive contre la majestueuse Honorine.

Chapitre LXX

Il fut décidé qu'on passerait l'été à Enghien. Ma sœur avait la gorge délicate, ma mère avait besoin de fortifier ses cordes vocales, l'eau sulfureuse ferait du bien à tout le monde.

Nous sautions de joie, croyant voir l'institutrice renvoyée après les vacances. Mais bien au contraire, ce départ hâta la décision. Mon père devait rester, la plupart du temps, à Paris, ma mère avait besoin d'y venir toutes les semaines, qu'aurait-on fait de nous ? Mlle Huet devenait indispensable.

Elle nous rejoignit après la première semaine de notre séjour à Enghien.

Nous étions si évaporées par le grand air, si éperdues de jeu et d'un engouement nouveau pour de délicieuses Espagnoles, devenues nos camarades, que l'effet de cette arrivée, si redoutée, en fut émoussé.

Ce jour-là même, ma mère allait à Paris et nous raccompagnâmes à la gare. Au retour, nous étions seules avec Mlle Huet. Elle s'efforçait de se montrer très aimable, très bonne enfant, pas sévère du tout ; mais elle nous proposa de faire une promenade, au lieu de rentrer, prétendant que rien n'était bon pour la santé, comme les longues trottes.

Nous eussions préféré jouer dans le jardin ; mais il fallait bien la suivre. Elle nous entraîna vers des sites fort vilains, que nous ne connaissions pas : le long d'un chemin poussiéreux, où des vignes basses, sur des terrains bossués, cachaient toute vue. Nous nous jetions des regards navrés, ma sœur et moi.

Tout à coup, Mlle Huet poussa un cri, et s'élança entre les ceps.

Qu'est-ce qui lui prenait ?... Nous nous étions arrêtées net, croyant qu'elle avait été piquée par une guêpe, ou qu'elle avait vu un serpent.

Mais d'une voix joyeuse, elle s'écria

— Un escargot !...

Alors, elle retira de sa poche, un mouchoir, qu'elle déploya et qui parut presque aussi grand qu'une serviette, elle l'étendit par terre, puis cueillant délicatement l'escargot, elle le posa au milieu.

— Comment ! vous allez l'emporter ?...

— Lui et bien d'autres, j'espère. Des escargots de vignes !... Vous ne savez donc pas comme c'est recherché ?... Allons, mes enfants, faites la chasse avec moi...

Et nous voilà, cherchant des escargots sous les feuilles, en nous demandant, tout ébahies, qu'est-ce qu'elle pourrait bien en faire !

Judith Gautier

C'était tout de même moins ennuyeux qu'une leçon de grammaire, et nous allions gaîment d'un cep à l'autre, un peu dégoûtées, mais intéressées tout de même à la chasse.

Quand le mouchoir fut rempli, Mlle Huet le noua soigneusement, et tout verdi, gluant et grouillant, le rapporta à la maison, au grand effroi de la cuisinière.

— Vous ne savez donc pas votre métier ? disait Mlle Huet, une cuisinière qui se respecte doit savoir accommoder les escargots, car c'est un mets des plus délicats. Nous allons les faire jeûner, et, demain, je les préparerai moi-même, selon la bonne recette provençale, et vous vous en lécherez les doigts.

Malgré cette affirmation, personne ne voulut goûter aux escargots, et, au risque de se donner une indigestion, Mlle Huet les dévora toute seule, tandis que nous nous cachions les yeux, pour ne pas voir ce spectacle.

On eût dit des représailles, quand, l'institutrice, un peu vexée, déficela un ballot de livres menaçants, à cartonnages marbrés, qui nous annonçaient l'irrévocable avènement d'une ère nouvelle.

Chapitre LXX

ISBN : 978-1533196873

Printed in Great Britain
by Amazon